갈라디아서
에베소서 강해

AN EXPOSITION ON THE APOSTLE PAUL'S EPISTLES TO THE GALATIANS AND TO THE EPHESIANS

〔3판〕

김효성
Hyosung Kim
Th.M., Ph.D.

옛신앙
oldfaith
2025

머리말

주 예수 그리스도(마 5:18; 요 10:35)와 사도 바울(갈 3:6; 딤후 3:16)의 증거대로, 성경은 하나님의 말씀이다. 성경이 하나님의 말씀이며 우리의 신앙과 행위에 있어서 정확무오한 유일의 법칙이라는 고백은 우리의 신앙생활에 있어서 매우 기본적이고 중요하다.

웨스트민스터 신앙고백에 진술된 대로(1:8), 우리는 성경의 원본이 하나님의 감동으로 오류가 없이 기록되었고 그 본문이 "그의 독특한 배려와 섭리로 모든 시대에 순수하게 보존되었다"고 믿는다. 이것은 교회의 전통적 견해이다. 그러므로 우리는 신약성경의 헬라어 비잔틴 다수 사본들의 본문이 순수하게 보존된 성경 원본의 본문에 가장 가까운 본문으로 여전히 받아들여져야 한다고 본다.

성경은 성도 개인의 신앙생활뿐 아니라, 교회의 모든 활동들에도 유일한 규범이다. 오늘날처럼 다양한 풍조와 운동이 많은 영적 혼란의 시대에, 우리는 성경으로 돌아가 성경이 무엇을 말하는지 묵상하기를 원하며 성경에 계시된 하나님의 모든 뜻을 알기를 원한다.

성경으로 설교할지라도 그것을 바르게 해석하고 적용하지 않으면, 말씀의 기근이 올 것이다(암 8:11). 오늘날 많은 설교와 성경강해가 있지만, 순수한 성경 지식과 입장은 더 흐려지고 있는 것 같다.

그러므로 오늘날 요구되는 성경강해는 성경 본문의 뜻을 명료하게 해석하고 적용하는 것일 것이다. 실상, 우리는 성경책 한 권으로 충분하다. 성도들은, 유일한 선생님이신 성령님의 지도를 구하며 성경을 읽어야 하고, 성경강해는 오직 작은 참고서로만 사용해야 할 것이다.

심히 부족한 종에게 지혜와 분별력과 간절함과 건강을 주시고 또 약한 남편을 위해 일평생 헌신한 아내를 주시고 또 많은 기도와 물질로 후원한 성도들과 합정동 교회를 주신 하나님께만 영광을 돌린다.

내용 목차

갈라디아서

에베소서

갈라디아서

서론

갈라디아서의 **저자**는 바울이다. 저자는 두 번이나 자신을 바울이라고 증거하였다(1:1; 5:2). 역사상 갈라디아서의 저자에 대한 의심은 이제까지 없었다. 본 서신의 **수신자**에 대해서는 두 가지 견해가 있다. 전통적으로는, 본 서신이 지리적 의미의 갈라디아, 즉 소아시아 북부의 옛 갈라디아 지역의 성도들에게 보내졌다고 보았다(북 갈라디아설). 이것은 전통적 견해이었다. 그 근거는, ① 누가가 사도행전에서 비시디아, 루가오니아 등 지리적 의미의 명칭을 사용하고 있고, ② 갈라디아서 4:13에 바울의 육체의 질병에 대한 언급이 있는데, 사도행전에서 바울의 1차 전도여행에 그것에 대한 언급이 없고, ③ 바울이 루가오니아인이나 비시디아인에게 '어리석도다, 갈라디아인이여'(갈 3:1)라고 표현하였을 것 같지 않기 때문이다.

그러나 다른 이들은 본 서신이 행정지방적 의미의 갈라디아, 즉 로마의 한 지방(도 道)으로 브루기아, 비시디아, 루가오니아 등 바울이 1차 전도여행 시 전도했던 소아시아 남부 지역 교회들에 보내졌다고 본다(남 갈라디아설). 그 근거는, ① 사도 바울이 어떤 지역을 말할 때 아가야, 마게도냐, 일루리곤, 달마디아, 유대, 아시아 등 행정지방적 명칭을 사용하였고, 바울이 갈라디아라는 말을 세 번 사용하였는데(고전 16:1; 갈 1:2; 딤후 4:10) 그것도 행정지방적 의미일 것이라는 것이다. 그러나 행정지방으로서의 갈라디아는 서신의 수신자로서는 너무 광범위하다. ② 사도행전에는 남 갈라디아에 대해 많이 말했는데, 바울 서신들 중에 그 지역에 대한 것이 없을 수 없을 것이라는 것이다. 그러나 그 곳은 직접 방문할 수 있는 거리이었다. ③ 사도행전에는 북 갈라디아 교회의 설립에 대해 아무런 언급이 없는데, 갈라디아서 같은 중요한 편지가 그 곳을 위해 쓰였을 것 같지 않다는 것이다. ④ 유대 땅에서 온 율법주의자들이 소아시아 남부 지역을 통과해 혹은 지나쳐 소아시아 북부의 옛 갈라디아 지역에 와서 문제를 일으켰다는 것은 자연스럽지 않다는 것이다. 그러나 사도행전 15장에 나오는 예루살렘 회의(주후 49년경) 이후 아마 남 갈라디아 지역에서는 문제가 해결되었을 것이다.

본서가 쓰일 당시 갈라디아 교회에는 율법주의 이단이 침투해 들어와 있었다. 그 이단은, 사람이 구원을 얻기 위하여 예수 그리스도만 믿으면 되는 것이 아니고 모세의 율법을 다 지켜야 하며 특히 할례를 받아야 한다고 주장했다. 율법주의 이단들은 갈라디아 교인들에게서 복음의 자유를 빼앗으려고 했다. 그러므로 사도 바울은 이 서신에서 율법주의 이단을 강하게 정죄하면서 예수 그리스도의 은혜의 복음과 그 복음 안에서 성도가 누리는 참 자유에 대해 밝히 증거한다.

본서의 **저작 연대**는 바울의 제3차 전도여행 시 에베소에 머문 3년 중 전반부의 어느 때이든지(주후 54년경) 혹은 마게도냐와 헬라 지방에 머물었을 때(주후 56년경)라고 볼 수 있다.

본서의 **특징적 주제**는 그리스도인의 자유이다(2:4; 5:1, 13). 본서와 로마서는 하나님의 복음을 밝히 증거한 서신들이다. 로마서는 하나님의 복음에 대한 논리적 해설이며, 갈라디아서는 변증적 해설이다. 사도 바울은 본서에서 갈라디아 교회에 들어온 율법주의 이단에 대항해 하나님의 은혜의 복음을 변호하며 증거하였다. 본서는 그리스도인의 자유의 대헌장이며, 율법주의와 행위구원론에 반대되는 하나님의 은혜의 구원의 대선언이다. 여기에는 천주교회의 율법주의적 교훈에 대항한 16세기 종교개혁의 투쟁의 외침이 담겨 있다.

본서의 **각 장의 주요 내용**은 다음과 같다. 1장, 복음의 유일성. 2장, 복음 안에 있는 자유. 3장, 율법으로부터의 자유. 4장, 아들로서 누리는 자유. 5장, 자유자의 삶--사랑. 6장, 자유자의 삶--선행.

1장: 복음의 유일성

1-5절, 그리스도의 속죄사역

〔1-2절〕 **사람들에게서 난 것도 아니요 사람으로 말미암은 것도 아니요 오직 예수 그리스도와 및 죽은 자 가운데서 그리스도를 살리신 하나님 아버지로 말미암아 사도된 바울은 함께 있는 모든 형제로 더불어 갈라디아 (여러) 교회들에게** [편지하노니].

'사도'는 주 예수께서 친히 세우시고 보내신 자를 가리킨다. 누가복음 6:13에 보면, 주께서는 그의 공적 전도사역의 초기에 열두 제자들을 택하여 '사도'로 세우셨다. 후에, 바울도 예수 그리스도의 사도로 부름을 받았다. 바울은 자신이 사도가 된 것은 "사람들에게서 난 것도 아니요 사람으로 말미암은 것도 아니요"라고 말한다. 그의 사도직은 인간적 기원을 가진 것이 아니었다는 말이다. 그는 사람들이 세우고 파송한 사도가 아니었다. 바울은 자신이 사도가 된 것은 '오직 예수 그리스도로 말미암아' 된 것이라고 말한다. 그가 예수님 믿는 자들을 잡아오려고 다메섹에 가까이 가고 있었을 때 부활하신 주 예수께서 빛 가운데 나타나셔서 그를 부르셨고 그를 변화시키셨고 그를 택하여 그의 이름을 전하는 사도가 되게 하셨다(행 9장, 22장, 26장).

바울은 또 자신이 사도가 된 것은 "죽은 자들 가운데서 그리스도를 살리신 하나님 아버지로 말미암아" 된 것이라고 말한다. 하나님께서 죽은 자들 가운데서 예수 그리스도를 살리신 것은 복음 진리에 있어서 매우 중요한 내용이다. 만일 예수 그리스도께서 죽은 자 가운데서 다시 사시지 않았다면 그는 결코 믿을 만한 자가 되지 못하셨을 것이다. 왜냐하면 그는 자신이 부활할 것을 3차례 이상이나 제자들 앞에서 공언하셨기 때문이다. 그러므로 그가 만일 부활하지 않으셨다면 그는 우리가 믿을 만한 주님과 구주가 되실 수 없을 것이다. 그러나 그는 죽은 자 가운데서 다시 살아나셨다. 그의 처음 제자들은 그의 부활을 친히 본 자들이었다. 그들은 그리스도의 부활의 증인들이었다. 하나님 아버지께서 그를 다시 살리셨고 그가 친히 바울을 사도로 삼으셨다. 이와 같이, 바울의 사도직은 신적 기원을 가진 것이었다. 즉 그는 자신이나 사람들에 의해 사도가 된 것이 아니었고 하나님과 주 예수 그리스도께서 그를 사도로 부르셨고 세우셨고 파송하셨다.

또 하나님과 주 예수 그리스도께서 그를 사도로 세우셨다는 사실은 그의 사역에 대한 하나님의 보증이기도 하였다. 즉 바울의 사도직의 신적 기원은 그의 말씀 사역에 신적 권위를 준다. 복음 전파자의 사명을 받은 자로서(롬 1:1) 그의 말씀 사역은 하나님의 권위를 가진 사역이 되었고 그가 전한 말씀은 하나님의 권위를 가지게 되었다.

사도 바울은 함께 있는 모든 형제들과 함께 갈라디아 교회들에게 문안했다. 하나님의 진리는 몇몇 개인들의 진리가 아니요 하나님의 모든 백성의 공동적 진리요 주의 백성이 다함께 고백하고 감사하고 증거하는 진리이었다. 디도서 1:4에 '같은 믿음'이라는 말이 나오는데, 이것은 '공통적 믿음'(코이네 피스티스 κοινὴ πίστις)이라는 뜻이다. 우리의 믿음은 모든 성도의 공통적 믿음이다. 유다서 1:3에는 우리의 '일반으로 얻은 구원'이라는 말이 나오는데, 그 말도 원문에서 '공통적 구원'(코이네 소테리아 κοινὴ σωτηρία)이라는 뜻이다. 우리들이 얻은 구원은 모든 성도들이 공통적으로 얻은 구원이다. 우리는 공통적 믿음을 가지고 있고 공통적 구원을 얻은 자들이다.

바울은 자기와 함께 있는 성도들과 일꾼들을 '형제'라고 불렀다. 그것은 그의 겸손한 마음을 보인다. 주 예수께서도 제자들을 형제라고 부르셨다. 그는 "누구든지 하늘에 계신 내 아버지의 뜻대로 하는 자가 내 형제요 자매요 모친이니라"고 말씀하셨고 "너희는 랍비라 칭함을 받지 말라. 너희 선생은 하나이요 너희는 다 형제니라"고 하셨고

(마 12:50; 23:8), 부활하신 후에도 제자들을 '내 형제들'이라고 부르셨다(마 28:10). 사도직은 권위 있는 직분이었지만, 바울은 높은 마음으로 성도들을 대하지 않고 겸손히 대했다. 바울은 고린도후서 1:24에서 "우리가 너희 믿음을 주관하려는 것이 아니요 오직 너희 기쁨을 돕는 자가 되려 함이니 이는 너희가 믿음에 섰음이라"고 말했다.

〔3절〕 [우리] 하나님 아버지와 [우리][1] **주 예수 그리스도로 좇아 은혜와 평강**[평안]**이** [너희에게] **있기를 원하노라.**

사도 바울은 갈라디아 교인들에게 "하나님 아버지와 우리 주 예수 그리스도로 좇아 은혜와 평안이 있기를" 기원하였다. '은혜'는 단순히 마음에 감동을 주고 눈물을 일으키는 감정이 아니다. 하나님의 은혜는 죄사함의 은혜, 즉 죄인을 향해 베푸시는 하나님의 긍휼과 사랑이다. 죄인은 그 은혜 때문에 구원을 얻는다. 그러므로 우리가 은혜를 받는다는 것은 우리가 우리의 죄를 용서해주시는 하나님의 사랑을 깨닫고 그것을 받는 것, 즉 죄사함의 체험을 말하는 것이다.

'평안'은 문제들, 싸움, 갈등, 불안이 가득한 세상에서 하나님께서 주시는 마음의 안정과 평안을 가리킨다. 그것은 죄 문제의 해결, 곧 죄사함을 통해 온다. 세상의 많은 문제들과 싸움, 갈등과 불안의 근본 원인은 사람의 죄이다. 그러나 우리가 하나님과 주 예수 그리스도 안에 거할 때, 모든 문제의 해답을 가지며 우리의 심령은 죄사함으로 말미암은 참된 평안과 안정을 누리게 된다.

평안은 마음의 평안뿐 아니라 건강과 물질적 안정과 환경적 평안도 포함한다. 그러나 평안이 항상 그런 것을 포함하는 것은 아니다. 구약성경 욥기가 그것에 대해 교훈을 준다. 하나님께서는 세상에서 성도들이 때때로 고난의 훈련을 받게 하신다. 죄사함과 의롭다 하심을 받고 경건하고 의롭고 선한 삶을 살기를 힘쓰는 성도에게도 때때

---

1) Byz $p^{46,\ 51}$ B it^{d} vg syr^{p} $cop^{sa\ (bo)}$ arm 등에 있음.

로 고난이 닥친다. 그것은 자신의 부족 때문에도 오지만 때로는 욥처럼 까닭 없이 오기도 한다. 그러나 성도는 고난들을 통해 믿음이 자라고 거룩해진다. 주께서 바울에게 주셨던 육체의 가시도 비슷한 목적을 가졌다. 바울은 그 육체의 가시, 아마 어떤 질병이나 연약성을 통해 교만에 떨어지지 않고 겸손한 마음을 유지할 수 있었다. 그것은 하나님의 은혜의 수단이었다(고후 12:7). 그러나 그런 고난 속에서도 성도는 하나님께서 주시는 마음의 평안을 누린다.

〔4-5절〕 그리스도께서 하나님 곧 우리 아버지의 뜻을 따라 이 악한 세대에서 우리를 건지시려고 우리 죄를 위하여 자기 몸을 드리셨으니 영광이 저에게[하나님께](NASB, NIV) **세세토록 있을지어다. 아멘.**

본문은 하나님의 복음을 간략히 증거하고 있다. 하나님께서 주신의 복음의 내용은 예수 그리스도께서 우리 죄를 없이하기 위해 자기 몸을 드리셨다는 것이며, 그 목적은 우리를 이 악한 세대에서 건지시기 위함이며, 그 근원은 하나님 우리 아버지의 뜻이다.

첫째로, 복음의 내용은 그리스도께서 우리 죄를 위하여 자기 몸을 드리셨다는 것이다. '우리 죄를 위하여'라는 원어(페리 περὶ)(전통본문)[2]는 '우리 죄와 관계하여, 우리 죄 때문에, 우리 죄를 없이하기 위해'(BDAG)라는 뜻이다. 예수 그리스도께서는 우리의 죄 때문에, 우리의 죄를 없이하기 위해 죽으셨다. 이것이 성경이 분명히 전하는 복음의 내용이다. 고린도전서 15:3, "내가 받은 것을 먼저 너희에게 전하였노니 이는 성경대로 그리스도께서 우리 죄를 위하여(휘페르 ὑπὲρ)[때문에, 대신하여] 죽으시고." 로마서 4:25, "예수께서는 우리 범죄함을 위하여(디아 διὰ)[때문에] 내어줌이 되고." 죄인은 자신이 자기 죄에 대해 하나님의 공의의 형벌을 받든지, 아니면 누가 대신 그 벌을 받아주어야 한다. 후자가 대속(代贖)의 개념이다. 대속은 대리 형벌

---

2) Byz p^{46} $\aleph^{*}$ A 등.

이다. 하나님의 아들 예수 그리스도께서 우리를 위해 대속을 이루셨다. 예수 그리스도께서 우리의 죄 때문에, 우리를 대신해 자신을 드리셨다. 이것이 복음이다. 인생의 죄 문제의 해결이 여기에 있다. 죄인들은 오직 구주 예수 그리스도를 믿음으로 구원을 얻는다.

둘째로, 그리스도께서 우리를 위해 자신을 주신 목적은 "우리를 이 악한 세대에서 건지시기 위해서"이었다. 하나님의 구원은 죄인들을 죄로부터 구원하시는 것이다. 세상은 악하고 음란한 세상이며 사람들은 심히 죄악되다. 그들은 하나님과 그의 뜻, 곧 그의 선하시고 의로우신 뜻을 거역하고 있다. 그러므로 구원이 필요하다. 죄는 세상의 모든 불행의 원인일 뿐 아니라, 또한 죽음과 지옥 형벌의 원인이다. 하나님의 택한 영혼들은 이 악한 세상으로부터 또 하나님의 심판으로부터 구원을 얻어야 한다. 믿는 자는 이 악한 세상으로부터 구원을 얻었다. 이렇게 구원 얻은 성도들의 모임이 교회이다.

셋째로, 그리스도께서 자신을 드려 우리를 구원하신 것은 하나님의 뜻이었다. 우리의 구원은 하나님의 영원한 뜻에서 비롯된 것이다. 에베소서 1:4, "[하나님께서는] 창세 전에 그리스도 안에서 우리를 택하사 우리로 사랑 안에서 그 앞에 거룩하고 흠이 없게 하시려고 그 기쁘신 뜻대로 우리를 예정하사 예수 그리스도로 말미암아 자기의 아들들이 되게 하셨으니." 실상, 하나님께서는, 수수께끼 같은 세계 속에서 사는 사람들의 모든 철학적, 종교적, 도덕적 질문들의 해답이시다. 영원 전부터 스스로 계신 하나님께서는 모든 문제의 해답이시다. 그 하나님께서는 만세 전부터 이 세상의 모든 일들을 계획하셨다. 하나님의 계획 가운데 가장 중요한 것은 인류의 창조와 심판과 구원에 관한 것이다. 이처럼 우리의 구원은 결코 우연한 사건이 아니고, 하나님께서 만세 전부터 계획하신 뜻을 따라 이루어진 일이다.

사도 바울은 이제 영광이 하나님께 세세토록 있으시기를 기원한다.

'저에게'라는 말은 원문에서 '하나님 곧 우리 아버지'를 가리킨다고 보인다. 예수님 믿고 구원 얻은 우리는 택함 받지 못한 자들과 다를 바 없는 죄인들이며 구원 얻은 후에도 여전히 죄성을 가진 자들임에도 불구하고, 하나님께서는 그의 긍휼로 만세 전에 우리를 택하셨고 때가 되어 아들 예수 그리스도를 이 세상에 보내주셨고 그의 십자가의 죽음과 부활로 우리의 구속(救贖)을 이루셨고 또 우리에게 죄의 깨달음과 구주 예수 그리스도를 알고 믿고 의지하는 마음을 주셔서 그를 믿음으로 죄사함과 의롭다 하심과 영원한 생명과 천국 기업을 상속받게 하셨다. 이것이 구원이다. 하나님께서는 그의 은혜로 우리를 구원하셨다. 여기에 우리의 찬송의 이유와 내용이 있다.

본문의 교훈을 정리해보자. 첫째로, 바울의 사도직은 하나님께로 말미암았다. 예수께서는 친히 열두 제자들을 불러 사도로 삼으셨고 복음전도의 사명을 주셔서 온 세상에 보내셨다. 사도 바울이 사도가 된 것도 사람들에게서 난 것도, 사람으로 말미암은 것도 아니요 예수 그리스도와 하나님으로 말미암은 것이었다. 거기에 사도 바울의 말씀 사역의 신적 권위와 그가 전한 복음의 신적 권위가 있다. 여기에 신약성경의 신적 권위가 있다. 우리는 신약성경을 하나님의 말씀으로 받아야 한다.

둘째로, 우리는 하나님의 은혜와 평안을 항상 사모하며 누려야 한다. 그것은 죄사함과 성화의 은혜이며 죄사함에 근거한 심령의 평안과 그에 부수된 몸의 건강과 환경적 평안이다. 우리는 하나님의 은혜와 평안을 늘 사모하며 누리며 살 수 있고, 그것을 사모하며 누려야 한다.

셋째로, 우리는 예수 그리스도의 속죄의 은혜, 즉 죄사함과 의롭다 하심의 은혜를 받고 감사하며 구별된 삶을 살아야 한다. 죄사함과 의롭다 하심 안에 영생이 있고 천국의 복도 있다. 또 이런 구원의 은혜를 받은 모든 성도들은 이제 죄와 결별하고 하나님 중심의 삶, 계명 순종의 삶, 즉 경건하고 의롭고 선하고 진실한 삶을 살아야 한다.

6-10절, 다른 복음은 없다

〔6절〕 **그리스도의 은혜로 너희를 부르신 이를 이같이 속히 떠나 다른**(헤테론 ἕτερον different(NASB, NIV)) **복음** 좇는 것**을 내가 이상히 여기노라.**

'그리스도의 은혜로 너희를 부르셨다'는 말씀은 그리스도의 은혜의 복음으로 너희를 부르셨다는 뜻이다. 하나님의 복음은 그리스도의 은혜의 복음이다. 그 내용은 예수 그리스도께서 하나님 곧 우리 아버지의 뜻을 따라 이 악한 세대에서 우리를 건지시려고 우리 죄를 위하여 자기 몸을 드리셨다는 것이다(갈 1:4). 그런데 갈라디아 교회는 이 하나님의 은혜의 복음을 속히 떠나 다른 복음을 좇았다. '다른 복음'이라는 말은 '내용이 다른 복음'이라는 뜻이다. 그것은 하나님께서 주신 예수 그리스도의 은혜의 복음과 내용이 다른 것을 가리킨다.

갈라디아 교회가 은혜의 복음을 속히 떠난 것은 사람의 연약성을 보인다. 이것은 옛날 이스라엘 백성의 모습과 비슷하였다. 신명기 9장에 보면, 하나님의 은혜로 애굽에서 나왔던 이스라엘 백성은 광야에서 목이 곧고 늘 하나님을 거역하고 하나님의 명하신 말씀을 속히 떠났었다(신 9:7, 12-13, 16, 24). 사람의 연약성은 구원 얻은 성도들 속에도 있다(롬 7:18-25). 하나님께서 그의 은혜로 우리를 붙드심이 아니고서는 오늘날 우리도 은혜의 복음을 속히 떠날 수 있다.

갈라디아 교회가 다른 복음을 받아들이고 그 복음을 좇아간 것은 이상한 일이었으나, 그것이 현실이었다. 하나님께서 세우신 교회, 주께서 피 흘려 사신 교회이었지만, 이 교회 속에 다른 복음이 용납된 것이다. 역사상 기독교회 안에는 다른 복음들이 적지 않게 들어왔었다. 천주교회를 비롯하여, 각종 이단 종파들과 현대 자유주의 신학과 은사주의는 다른 복음들이다. 그것들이 역사상 기독교회 안에 용납되었다는 것은 이상한 일이지만, 그러나 그것이 교회의 현실이다.

〔7절〕 **다른**(알로 ἄλλο another)[다른 또 하나의] **복음은 없나니 다만 어떤**

사람들이 너희를 요란케 하여 그리스도의 복음을 변하려 함이라.

"다른 복음은 없다"는 말은 그것이 다른 하나의 복음이 아니라는 뜻이다. 갈라디아 교회에 들어온 다른(different) 복음은 다른 하나의 (another) 복음이 아니었다. 복음은 여러 개 있는 것이 아니다. 복음은 유일하다. 그것은 어느 시대에나 어느 환경에서도 다른 내용이 될 수 없다. 아무도 복음의 내용을 변경하거나 그것에 무엇을 더하거나 빼거나 할 수 없다. 다시 말해, 하나님께서 주신 복음의 내용은 확정되어 있다는 말이다. "다만 어떤 사람들이 너희를 요란케 하였다"는 말은 다른 복음이 사람들에게서 나온 것임을 보인다. 사람들이 교회를 어지럽게 만들고 하나님의 일을 어지럽히고 있었다.

그들이 다른 복음을 전파한 것은 "그리스도의 복음을 변하려 함"이었다. 여기에 다른 복음의 나쁜 목적이 있다. 복음은 '그리스도의 복음' 곧 그리스도께서 우리의 죄를 위해 죽으셨기 때문에 그를 믿음으로 구원을 얻으라는 소식인데, 어떤 사람들이 그 복음을 변경시키려고 다른 복음을 만들어 전파하려 한 것이다. 그러나 은혜의 복음의 가감이나 변경은 결국 복음을 부정하는 것이다. 그것은 실상 사탄의 활동들이다. 사탄은 하나님의 일을 방해하고 교회들을 어지럽히고 부패시킨다. 그러므로 사도 요한은 요한일서에서 "사랑하는 자들아, 영을 다 믿지 말고 오직 영들이 하나님께 속하였나 시험하라. 많은 거짓 선지자가 세상에 나왔음이니라"고 교훈하였다(요일 4:1).

〔8절〕 그러나 우리나 혹 하늘로부터 온 천사라도 우리가 너희에게 전한 복음 외에 다른(파르 παρ')[에 반대되는] **복음을 전하면 저주를 받을지어다.**

"우리가 너희에게 전한"이라는 말씀에서 '전한'이라는 원어(유엥겔리사메다 εὐηγγελισάμεθα)는 과거시제로서 복음이 이미 그들에게 전해졌음을 나타낸다. 기독교 복음은 사도들이 이미 전한 복음, 초대교회에 이미 전해진 복음이다. 복음의 내용은 이미 전해졌다. 그 내용은 확정되어 있다. 기독교 복음은 결코 시대마다 변할 수 있는 성격의 것이 아니다. 이와 같이, 사도 바울은 복음의 유일성과 확정성을 강조한다. 사도 바울이 전한 하나님의 복음은 사도 바울 자신이라도 변경할 수 없고 하늘로부터 온 어떤 천사라도 변경할 수 없는 성격의 내용이다. 그렇다면, 하물며 오늘날 누가 감히 하나님의 복음의 내용을 변경시킬 수 있겠는가? 아무도 그 내용을 변경시킬 수 없다.

그러면 그 복음은 지금 어디에서 확인되며 확증될 수 있는가? 그것은 신약성경에서 확인되며 확증될 수 있다. 기독교 복음은 신약성경에 계시되어 있고 제시되어 있고 기록되어 있다. 기독교 복음은 사도 바울과 사도들이 전한 복음이며 신약성경에 기록되어 있는 복음이다. 복음을 믿는 우리의 믿음은 그것을 믿고 전한 사도들의 믿음이었고 또한 성경에 밝히 계시되어 있고 증거되어 있는 믿음이다. 그러므로 복음의 확인에 신약성경을 연구하는 것은 필수적인 일이며, 그 중에도 로마서와 갈라디아서를 바르게 이해하는 것은 필수적인 일이다.

"다른 복음을 전하면 저주를 받을지어다"는 말씀은 다른 복음을 전하는 자들의 죄가 얼마나 중대한지를 보인다. 다른 복음을 전하는 자들은 하나님의 저주를 받을 수밖에 없다. 왜냐하면 죄인들을 구원하시는 하나님의 뜻을 자기 생각대로 임의로 변경시키는 것은 그들을 멸망에 이르게 하는 매우 악한 일이며 사탄의 활동이기 때문이다. 다른 복음들을 전하는 것은 하나님께서 택하신 자들을 구원하시는 일을 방해하고 그들을 멸망시키려는 사탄의 일이다. 물론, 하나님의 구원 사역이 사탄의 방해 때문에 좌절되지는 않을 것이다.

〔9절〕 우리가 전에 말하였거니와 내가 지금 다시 말하노니 만일 누구든지 너희의 받은 것 외에 다른 복음을 전하면 저주를 받을지어다.

"우리가 전에 말하였거니와 내가 지금 다시 말하노니"라는 표현은 다른 복음을 전하는 자들에 대한 경고가 새로운 것이거나 처음하는 것이 아님을 보인다. 이 경고는 이전에 이미 했던 것이고 다시 반복해도 지나치지 않은 것이다. 그러므로 사도 바울은 그들에 대한 저주를 반복하여 다시 선언하는 것이다.

"너희의 받은"이라는 원어(파렐라베테 παρελάβετε)도 과거시제로서 복음이 이미 그들에게 전달되었음을 보인다. 복음은 초대교회가 이미 받은 것이요 갈라디아 교회도 이미 받은 것이었다. 기독교 복음은 옛날부터 즉 사도 시대로부터 전해온 것이며 믿어온 것이다. 그것은 진정으로 전통적인 것, 옛것이다. 복음 신앙은 새것이 아니다. 그것은 이전에 없었다가 어느 날 누가 비로소 깨닫고 주장한 것이 아니다. 복음을 믿는 신앙은 사도적, 전통적 신앙, 곧 옛신앙이다.

물론, 전통적인 것이 다 옳다는 말이 아니다. 잘못된 전통도 있고 순수하지 못하고 불순해진 옛것도 있을 수 있다. 그러나 기독교 복음은 옛날부터 내려오는 전통적인 내용이며 섞인 것들을 제거시키고 순수하게 보존해야 할 옛것이다. 본래 사도들에게 계시되고 사도들이 전파하고 선언한 그 옛 복음은 확정된 내용이어서 아무도 거기에 무엇을 더하거나 거기에서 무엇을 뺄 수 없는 것이다. 우리는 그것을 '역사적 기독교' 혹은 '옛신앙'이라고 부른다.

그런데 갈라디아 교회는 사도 바울에게 받은 그 복음을 떠나 다른 복음을 받아들이고 있었던 것이다. 다수의 사람들이 변질되고 있었다. 교인들은 목사들에 따라 변하는 것 같다. 양들은 순진하여 목사들을 그냥 따르는 경향이 있다. 그러므로 목사들의 책임은 크다. 그러므로 하나님께서는 마지막 날 목사들을 더 엄하게 심판하실 것이다.

〔10절〕 이제 내가 사람들에게 좋게 하랴, 하나님께 좋게 하랴? 사람들에게 기쁨을 구하랴? [이는] **내가 지금까지 사람의 기쁨을 구하는 것이었더면 그리스도의 종이 아니니라**[아님이니라](전통사본, syr).

사도 바울은 자신이 예수 그리스도의 종으로서 사람들에게 좋게 하거나 사람들을 기쁘게 하지 않았고 또 앞으로도 그러할 것이라고 말한다. '종'은 주인에게 복종하는 자이다. 그러므로 하나님의 종은 사람을 기쁘게 하지 말고 오직 하나님께 복종하고 하나님을 기쁘시게 해야 한다. 그러므로 우리는 하나님의 복음을 감히 인간의 생각으로 변경해서도 안 되고 그렇게 변경하는 자들을 용납해서도 안 된다.

본문의 교훈을 정리해보자. 첫째로, 다른 복음은 없다. 기독교 복음은 사도 바울과 그 외의 사도들, 즉 초대교회가 '전한 복음'이며 초대교회가 '받은 복음'이다. 그것은 로마서와 갈라디아서에서 증거된 대로 죄인이 구주 예수 그리스도를 믿음으로 의롭다 하심을 얻는다는 내용이다(롬 3:21-24; 갈 2:16). 이 복음 외에 다른 복음은 없다. 기독교는 참으로 옛것이며 복음 신앙은 참으로 옛신앙이다. 역사상, 다른 복음들이 있었다. 대표적으로 천주교회와 각종 이단 종파들과 자유주의 신학과 은사주의가 다른 복음들이다. 많은 교회들과 교인들이 다른 복음들로 인해 역사적 기독교 신앙을 잃어버렸다. 그러나 우리는 그리스도의 은혜의 복음을 믿는 믿음을 잘 지켜야 하고, 이 믿음을 널리 전파해야 한다.

둘째로, 다른 복음을 전하는 자들은 저주를 받을 것이다. 왜냐하면 다른 복음은 없고, 죄인들을 구원하는 예수 그리스도의 은혜의 복음을 변경하고 왜곡시키고 부정하는 것은 그들로 구원 얻지 못하게 방해하고 그들을 멸망의 길로 나아가게 하는 저주받을 큰 악이기 때문이다. 그러므로 우리는 다른 복음을 전하는 자들을 경계하고 멀리해야 한다.

셋째로, 우리는 오직 하나님만 기쁘시게 해야 한다. 특히 오늘날과 같이 배교와 타협과 혼돈이 만연한 시대에는 목사들과 성도들이 넓은 길, 포용적인 길을 가기 쉽다. 그런 길은 사람들이 좋아하는 길일지도 모른다. 반면에 옛길, 좁은 길은 오해와 비난을 받을 수 있고 아마 많은 원수들이 있는 길일 것이다. 그러나 하나님의 진리에 관한 한, 우리는 타협적이고 포용적인 넓은 길로 갈 수 없다. 기독교 신앙은 본질적으로 배타적이다. 예수 그리스도의 복음은 유일한 내용이다. 그러므로 우리는 모든 배교자들과 타협자들과의 교제를 멀리해야 한다. 우리는 오직 역사적 기독교 신앙을 가지고 지키며 그 믿음만 힘써 전파해야 한다.

11-24절, 사도 바울의 복음의 유래

〔11-12절〕 [그러나][3] **형제들아, 내가 너희에게 알게 하노니 내가 전한 복음이 사람의** 뜻을 **따라 된 것이 아니라. 이는 내가 사람에게서 받은 것도 아니요 배운 것도 아니요 오직 예수 그리스도의 계시(啓示)로 말미암은 것이라.**

아무리 훌륭한 사람이라도 사람의 생각은 완전하지 못하고 사람의 권위는 절대적이지 않다. 기독교가 불교처럼 사람의 명상과 깨달음에서 나왔거나 유교처럼 양심과 이성적, 도덕적 판단에서 나온 정도의 종교라면, 그것은 유일하고 절대적인 종교이지 못할 것이다. 그러나 기독교가 영원하신 하나님과 그의 아들 예수 그리스도께서 그의 뜻을 계시하신 것이라면, 기독교는 이방 종교들과 다르며 모든 사람들이 믿고 복종해야 할 유일하고 절대적인 종교가 될 것이다.

사도 바울은 자신이 갈라디아 교회에게 그리고 다른 여러 교회들에게 전한 하나님의 복음이 사람의 뜻을 따라 된 것이 아니며 사람들에게서 받은 것이나 배운 것이 아니고 오직 예수 그리스도의 계시(啓示)로 말미암은 것이라고 증거한다. 이 말씀에서 사도 바울은 예수 그리스도를 사람들과 구별한다. 예수 그리스도께서 사람이신 것이 사실이지만, 그는 또한 사람 이상이시다. 그는 사람이시지만, 또한 하나님의 아들 곧 신성(神性)을 가진 존재이시다. 예수께서는 요한복음이 증거하는 대로 태초부터 계신 말씀이시며 하나님이신 분이시요(1:1) 말씀이 육신이 되신 분이시다(1:14). 또 그는 "아브라함이 나기 전부터 내가 있느니라"고 친히 말씀하신 분이시다(8:58).

사도 바울이 전한 복음이 사람에게서 나온 것이 아니고 예수 그리스도의 계시(啓示)로 말미암았다는 말씀은, 사도 바울의 복음이 하나님의 권위와 보증을 가짐을 증거할 뿐 아니라, 또한 그의 사도직의

---

3) Byz p^{46} $\aleph^{*}$ A vg^{ms} cop^{bo} $Origen^{lat}$ 등에 있음.

독립성과 정당성, 그리고 신적 권위성을 증거한다. 그러므로 우리는 이 사실을 바로 깨닫고 사도 바울이 예수 그리스도께 직접 받은 이 복음, 즉 로마서와 갈라디아서에 밝히 증거되어 있고 기록되어 있는 이 복음을 하나님의 말씀으로 받고 연구하고 믿고 전해야 할 것이다.

〔13-14절〕 [이는] **내가 이전에 유대교에 있을 때에 행한 일을 너희가 들었거니와 하나님의 교회를 심히 핍박하여 잔해(殘害)**[파괴]**하고 내가 내 동족 중 여러 연갑자(年甲者)**[동년배]**보다 유대교를 지나치게 믿어 내 조상의 유전(遺傳)에 대하여 더욱 열심이 있었으나.**

사도 바울은 자신의 과거를 말한다. 예수님 믿기 전에 그의 이름은 사울이었다. 그가 말한 바와 같이, 그는 이전에 유대교인으로서 그의 동년배들보다 유대교를 더욱 열심히 믿었다. 그는 기독교의 맨처음 순교자 스데반이 돌에 맞아 죽을 때 그를 치는 자들의 편에 서서 그들의 옷을 지키는 자가 되기도 했고(행 7:58), 스데반의 죽임 당함을 마땅한 일이라고 생각하였다. 더욱이, 스데반의 죽음 후 예루살렘에 있는 교회에 큰 핍박이 일어났을 때, 그는 각 집에 들어가 남녀를 끌어다가 옥에 넘기며 교회를 파괴하였던 인물이었다(행 8:3). 그는 그의 무지한 열심 때문에 하나님의 교회를 심히 핍박하고 파괴했었다. 종교적 열심은 다 좋은 것이 아니다. 그것은 바른 지식에서 나오지 못할 때 유익보다 오히려 해가 되기도 한다. 하나님을 믿고 섬김에 있어서는 단순한 열심보다 바른 지식을 가진 열심이 필요하다.

〔15-17절〕 그러나 내 어머니의 태로부터 나를 택정[구별]**하시고 은혜로 나를 부르신 이가**[하나님께서][4] **그 아들을 이방에 전하기 위하여 그를 내 속에 나타내시기를 기뻐하실 때에 내가 곧 혈육과 의논하지 아니하고 또 나보다 먼저 사도된 자들을 만나려고 예루살렘으로 가지 아니하고 오직 아라비아로 갔다가 다시 다메섹으로 돌아갔노라.**

바울은 예수님의 제자들에 대해 위협과 살기가 등등하여 대제사장

4) Byz ℵ A it^{d} cop$^{sa\ bo}$ arm Irenaeus$^{lat\ 1/2}$ Origen 등이 그러함.

에게 가서 이웃 나라 도시 다메섹의 여러 회당들에 갈 공문을 요청했는데 이는 만일 예수 믿는 사람들을 만나면 결박하여 예루살렘으로 잡아오려 함이었다. 그가 다메섹 성에 가까이 가고 있었는데, 갑자기 하늘로부터 빛이 그를 둘러 비췄다. 그가 땅에 엎드러지자 이런 소리가 들렸다. "사울아, 사울아, 네가 어찌하여 나를 핍박하느냐?" "주여, 뉘시오니이까?" "나는 네가 핍박하는 예수라"(행 9장). 그때 거기에서 그는 거꾸러졌고 마침내 예수님께 굴복한 사람이 되었다.

이것은 하나님의 전적인 은혜이었다. 주권자 하나님께서는 핍박자 사울을 불러 사도 바울이 되게 하셨다. 하나님께서 사울을 부르신 것은 그의 어떤 경건과 선행 때문에가 아니고 오직 하나님의 은혜 때문이었다. 구원은 오직 하나님의 은혜이다. 그것은 전적으로 하나님의 은혜에 근거한다. 사도 바울은 하나님께서 그의 모친의 태로부터 그를 택하셨다고 말한다. 우리의 생명이 어머니의 태에서 시작되었을 때 하나님께서는 우리를 그의 은혜로 구원하시려고 이미 구별하셨다. 사실은, 그보다 훨씬 더 전에 그렇게 하셨다. 에베소서 1:4는 하나님께서 창세 전에 그리스도 안에서 우리를 택하셨다고 말한다.

하나님께서는 사울을 불러 구원하셨을 뿐 아니라, 그를 통해 그의 아들 예수 그리스도를 이방인들에게 전파하기를 원하셨고, 그래서 그를 사도로 삼으시고 그에게 예수 그리스도를 알게 하시기를 기뻐하셨다. 그는 구원 얻은 성도일 뿐 아니라, 사도로 부르심을 입었다. 그는 자신이 받은 사명이 '이방인 전도'임을 분명히 알고 있었다.

구원 얻은 즉시 바울의 열심은 유대교에서 기독교로 전환되었다. 그의 마음 속에는 예수 그리스도를 더 알기 원하는 열심이 일어났음에 틀림없다. 하나님께서는 사람에게 자원하는 마음을 주시며 그를 사용하신다. 바울은 하나님을 위해 살고자 하는 소원을 갖게 되었다. 그러나 그는 그때 그 일을 위해 혈육과 의논하지 않았다.

바울은 또한 먼저 사도된 자들을 만나기 위해 예루살렘으로 가지도 않았다. 인간적으로는 가고 싶은 마음이 없지 않았겠지만, 그는 그를 부르신 하나님과 조용한 시간을 갖고 싶었던 것 같다. 그는 아라비아로 갔다. 아라비아는 사막과 광야의 땅이다. 그는 거기에서 조용히 하나님께 기도하며 그와 교제하며 예수 그리스도의 계시를 받으며 하나님의 복음을 이해하며 그 진리들을 묵상하였던 것 같다.

예수께서도 세상에 계실 때 조용한 기도의 시간을 자주 가지셨다. 마가복음 1:35, "새벽 오히려 미명에 예수께서 일어나 나가 한적한 곳[광야]으로 가사 거기서 기도하시더니." 마태복음 14:23, "무리를 보내신 후에 기도하러 따로 산에 올라가시다. 저물매 거기 혼자 계시더니." 오늘 우리에게도 하나님과 교제하는 조용한 시간은 가장 귀한 시간이다. 고요히 성경책을 읽고 묵상하며 주께 기도하는 시간이야말로 복된 시간이며 그때 성도는 하늘로부터 힘과 기쁨을 얻는다.

〔18-19절〕 그 후 3년 만에 내가 게바[베드로][5]**를 심방**[방문]**하려고 예루살렘에 올라가서 저와 함께 15일을 유할새 주의 형제**[동생] **야고보 외에 다른 사도들을 보지 못하였노라.**

사도 바울이 예루살렘에 올라간 것이 그로부터 3년이 지난 후이었다는 사실은 그의 복음과 사도직이 사도들에게 의존하지 않았음을 보인다. 그가 3년 만에 베드로를 방문하려고 예루살렘에 올라갔을 때도 그와 함께 단지 15일간 머물었다. 뿐만 아니라, 거기서 그는 베드로 외에 주의 동생 야고보만 보았을 뿐, 다른 사도들을 보지 못했다. 여기 언급한 예수님의 동생 야고보는 사도행전 15:13에 보면 예루살렘에서 모였던 총회에서 발언하였던 예루살렘 교회의 지도적 인물이었다(행 12:17; 갈 2:9). '주의 형제 야고보 외에 다른 사도들'이라는 표현은 야고보가 사도적 권위를 가진 인물임을 보이는 것 같다.

---

5) Byz latt 등이 그러함.

〔20절〕 보라, 내가 너희에게 쓰는 것은 하나님 앞에서 거짓말이 아니로라.

사도 바울의 말들과 기록들은 하나님 앞에서 거짓말이 아니었다. 거짓말은 제9계명을 범하는 큰 죄이다. 하나님 앞에서 진실하게 살며 진실만을 말하는 것은 생명과 같이 중요하다. 그러나 사람이 진실을 말하는 것도 중요하지만, 다른 사람의 진실을 인정하는 것도 중요하다. 성경은 진실한 증인들의 증거의 책이다. 요한복음 21:24는, "이 일을 증거하고 이 일을 기록한 제자가 이 사람이라. 우리는 그의 증거가 참인 줄 아노라"고 말했다. 사람의 진실한 증거를 믿을 수 없다면, 바울의 이 말도, 성경도 믿을 수 없게 되고 말 것이다. 우리는 진실한 증인이 되어야 하고 또 진실한 증인들의 말을 믿어야 할 것이다.

〔21-24절〕 그 후에 내가 수리아와 길리기아 지방에 이르렀으나 유대에 그리스도 안에 있는 교회들이 나를 얼굴로 알지 못하고 다만 우리를 핍박하던 자가 전에 잔해(殘害)[파괴]**하던 그 믿음을 지금 전한다 함을 듣고 나로 말미암아 영광을 하나님께 돌리니라.**

길리기아는 바울의 출생지인 다소가 있는 지방이다. '그리스도 안에 있는 교회들'이라는 표현은 그리스도의 대속(代贖)으로 구원 얻은 자들이 그와 영적으로 연합되었음을 나타낸다. 바울이 회심한 지 3년이 지났고 또 예루살렘에 올라가 짧은 기간 베드로와 주의 동생 야고보를 만나고 교제하였으나, 유대의 교회들은 아직 그를 얼굴로 알지 못하는 상태에 있었다. 바울의 사도로서의 소명과 그의 전도 사역은 이와 같이 열두 제자들과는 달리 독립적으로 시작되었던 것이다.

여기에 하나님의 하신 기이한 일이 있다. 여기에 그의 사랑과 능력이 있다. 하나님께서는 교회를 핍박하던 인물을 불러 그가 핍박하던 그 예수님을 전파하게 하셨다! 하나님께서는 당신의 원수를 당신의 종으로 만드셔서 그의 놀라운 은혜를 증거하는 자가 되게 하셨다.

사도 바울의 전한 복음이 예수 그리스도의 직접적 계시로 되었고 사람에게서 받은 것이나 배운 것이 아니라는 사실은 본문에서 여러 가지로 증거되었다. 첫째, 바울은 회심 직후 혈육과 의논하지 않았고 사도들에게도 올라가지 않았다. 둘째, 그는 아라비아로 갔다. 셋째, 그는 3년이 지난 후 비로소 베드로를 방문하려고 예루살렘에 올라갔다. 넷째, 그는 그때에도 단지 15일간 예루살렘에 머물었을 뿐이다. 다섯째, 그는 그때 베드로와 주의 동생 야고보 외에 다른 사도들을 보지 못하였다. 여섯째, 그가 회심한 지 3년이 지났지만, 유대의 교회들은 아직도 그의 얼굴을 잘 알지 못하였다.

본문의 교훈을 정리해보자. 첫째로, 가장 중요한 교훈은 사도 바울이 전한 복음이 예수 그리스도의 계시로 말미암은 것이라는 것이다. 물론 그것은 다른 사도들이 전한 복음과 일치하였다. 사도 바울이 전한 복음, 로마서와 갈라디아서에 밝히 계시되고 증거된 복음은 사람의 복음이 아니고 하나님의 복음이다. 사도들이 전한 복음, 즉 사람이 예수 그리스도를 믿음으로 의롭다 하심을 얻는다는 복음은 하나님의 권위로 인쳐진 내용이다. 천주교회, 이단종파들, 자유주의 신학, 은사주의는 거짓된 교훈들이다. 사람은 오직 예수 그리스도를 믿음으로 죄사함과 의롭다 하심과 영생을 얻는다. 오늘도 이 복음을 믿는 자들에게는 구원과 영생이 있고 그것을 거절하고 믿지 않는 자들에게는 영원한 멸망이 있다.

둘째로, 하나님께서 바울을 사도로 삼으신 것은 그의 놀라운 은혜이다. 자비하신 하나님께서는 그의 교회를 심히 핍박하고 파괴하던 자를 부르시고 구원하셔서 그가 핍박하고 파괴하던 그 복음을 전파하는 자로 삼으셨다. 하나님께서 우리를 구원하신 것도 그 동일한 은혜이다.

셋째로, 오늘날도 기독교 복음을 바르게 이해하기 위해서는 사람을 찾지 말고 오직 성경과 기도로 하나님과 교제하는 것이 중요하다. 물론, 그렇게 깨달은 복음 진리는 역사적 기독교 진리와 일치할 것이다. 신구약성경은 우리의 신앙과 행위에 있어서 정확무오한 유일의 규칙이다.

2장: 복음 안에 있는 자유

1-10절, 우리의 가진 자유

〔1절〕 14년 후에 내가 바나바와 함께 디도를 데리고 다시 예루살렘에 올라갔노니.

사도 바울은 14년 후 바나바와 함께 예루살렘에 올라간 일을 말한다. 이 일은 사도행전 15장의 예루살렘 회의의 일을 가리킨 것 같다. 사도행전 15장에 보면, 어떤 사람들이 유대로부터 수리아 안디옥에 내려와 이방인들도 모세의 법대로 할례를 받지 아니하면 능히 구원을 얻지 못한다고 가르쳤다. 이런 가르침 때문에 바울과 바나바와 그들 사이에 크게 논쟁이 일어났고 안디옥 교회는 이 문제를 위해 바울과 바나바와 몇 사람을 예루살렘에 있는 사도들과 장로들에게 보내었다. 예루살렘 교회와 사도들과 장로들은, 이 일을 위해 모여 많이 토론한 후, 이방인들에게 할례를 받게 하는 등 율법의 멍에를 메우는 것이 옳지 않다는 결론을 내렸다.

아마 이 일을 위하여 예루살렘에 올라갔을 때, 사도 바울은 바나바와 함께 올라갔고 또 디도를 데리고 갔다. 바나바는, 사도행전에 보면, 처음에 바울을 예루살렘에 있는 원사도들에게 소개한 자이었으며(9:26), 착하고 성령과 믿음이 충만한 자이었고(11:24), 바울을 안디옥에 초청해 함께 그 교회를 가르쳤던 자이었고(11:25-26), 그 교회에서 바울과 함께 선교사로 파송된 자이었다(13:2-3). 디도서의 수신자인 디도는 헬라인이라는 것(3절)과 그레데에 남아 교회를 돌본 사역자라는 것(딛 1:5) 외에는 성경에서 별로 알려진 것이 없다.

〔2절〕 계시를 인하여 올라가 내가 이방 가운데서 전파하는 복음을 저희에게 제출하되 유명한[지도적인] **자들에게 사사로이 한 것은 내가 달음질하는 것이나 달음질한 것이 헛되지 않게 하려 함이라.**

사도 바울이 예루살렘에 올라간 것은 안디옥 교회에서 생긴 교리적 논쟁 때문이었다고 보이지만(행 15장) 또한 하나님의 계시 때문이었다. 그것은 그 논쟁 중에서 하나님께서 사도 바울에게 예루살렘에 올라가라고 직접 지시하셨다는 뜻일 것이다. 사도들은 구약시대의 선지자들처럼 하나님의 직접 계시를 받는 자들이었다. 사도 바울이 예루살렘에 올라간 목적은 그가 그때까지 이방인들에게 전파하였던 복음의 내용이 예수 그리스도의 원사도들이 전파했고 예루살렘 교회가 믿고 있는 복음의 내용과 같은지 여부를 확인하기 위한 것이었다. 그것은 사도 바울의 복음 전파의 일이 헛되지 않게 하기 위해서이었다. 만일 사도 바울이 잘못된 내용을 전파하였고 또 지금도 전파하고 있다면 그의 모든 수고는 헛되게 될 것이기 때문이다. 오늘도 우리는 우리가 믿고 전하는 복음이 하나님과 주 예수 그리스도께서 사도들을 통해 주신 바로 그 복음임을 확인해야 하고 확신해야 할 것이다.

〔3절〕 그러나 나와 함께 있는 헬라인 디도라도 억지로 할례를 받게 아니하였으니.

할례는 하나님께서 아브라함에게 주신 언약의 규례이었다. 그것은 남자의 생식기를 덮은 피부(foreskin, 양피, 포피)의 끝부분을 잘라내는 의식이었다. 모든 이스라엘 백성은 다 할례를 받아야만 했다. 이것은 아브라함 때로부터 내려온, 또한 율법에 규정된 하나님의 언약의 표시이었다. 율법에 의하면, 디도는 당연히 할례를 받아야 했었다.

그러나 예수 그리스도의 복음과 새 언약 아래서 모든 사람은 할례와 관계없이 주 예수 그리스도를 믿음으로 죄사함의 구원을 얻었고 하나님의 은혜언약 안에 들어오게 되었다. 그러므로 바울은 그리스도 안에서 형제인 할례 받지 않은 헬라인 디도를 예루살렘에 데리고 올라감으로 그리스도 안에서 할례가 필요하지 않다는 것을 증거하기 원했던 것 같다. 특히 이방인들이 구원 얻기 위해 할례를 받아야 하는가 하는 문제로 논쟁하는 시점에 사도 바울은 디도라도 억지로 할례를 받게 아니함으로 행동으로 그 진리를 증거하려 했던 것 같다.

〔4-5절〕 이는 가만히 들어온 거짓 형제 까닭이라. 저희가 가만히 들어온 것은 그리스도 예수 안에서 우리의 가진 자유를 엿보고 우리를 종으로 삼고자 함이로되 우리가 일시라도 복종치 아니하였으니 이는 복음의 진리로 너희 가운데 항상 있게 하려 함이라.

사도 바울은 자신이 디도에게 억지로 할례를 받게 하지 아니했던 이유를 말한다. 그것은 교회 안에 가만히 들어온 거짓 형제들 때문이었다. 그들은 교회에 당당하게 들어오지 않았다. 그것이 마귀의 전술이다. 마귀는 자기 사람들을 비밀 첩보원처럼 가만히 교회 안에 투입시킨다. 오늘날도 기독교계 안에 많은 거짓 형제들이 들어와 있다. 그러나 하나님의 종들과 성도들은 그들을 분별할 수 있을 것이다.

그들이 들어온 목적은 사도 바울과 성도들이 가진 복음의 자유를 엿보고 그들을 율법의 종으로 삼으려고 함이었다. '우리의 가진 자유'라는 사도 바울의 표현은 하나님의 복음의 핵심적 내용을 드러낸다. 그 자유는 율법으로부터의 자유이며 할례의 규례로부터의 자유이다. 그것은 구약시대의 모든 의식적 율법들, 예를 들어 성전 의식들, 제사 의식들, 절기들로부터의 자유이다. 그것은 예수 그리스도께서 십자가 위에서 단번에 의를 이루셨고 우리가 주 예수 그리스도를 믿음으로 하나님 앞에서 의롭다 하심을 얻었기 때문에 누리는 자유이다.

물론 그 자유가 도덕적 율법들로부터의 자유를 의미하지는 않는다. 복음 안에 있는 자유는 방종에 빠지게 하는 자유가 아니고 하나님의 뜻과 계명을 행하게 하는 자유이다. 우리는 구원 얻은 후에도 여전히 우상숭배하지 말아야 하고 부모를 공경하고 살인하지 말고 간음하지 말고 도적질하지 말고 거짓 증거하지 말고 탐내지 말아야 한다. 그러나 우리가 도덕법들을 지키는 것은 그리스도의 의(義) 안에서 기쁨과 자원함으로 지키는 것이지, 의를 이루기 위해 공포와 두려움 가운데 무거운 짐을 진 심정으로 지키는 것이 아니다.

그런데 어떤 사람들이 가만히 들어와 사도 바울과 성도들이 가진 자유를 파괴시키고 그들을 율법의 종으로 삼으려고 하였던 것이다. 그 거짓 형제들은 기독교회 속에 들어온 유대교인들에 불과하였다. 그들은 하나님의 자유의 복음을 이해하지 못하고 도리어 오해한 자들이며, 하나님을 위해 싸우는 아군들이 아니고 적군들이며, 하나님의 교회의 건설자들이 아니고 파괴자들이다. 그들은 주 예수 그리스도께서 피흘려 사신 형제들을 사랑하는 자들이 아니고 실상 미워하는 자들이며, 하나님의 긍휼로 약속하신 영원한 생명 안에 사는 자들이 아니고 아직도 사망 가운데 머물러 있는 자들이었다.

사도 바울은 그 거짓 형제들을 알아차렸고 그들에게 한 순간이라도 복종하지 않았다. 잠언 25:26은 "의인이 악인 앞에 굴복하는 것은 우물의 흐리워짐과 샘의 더러워짐 같으니라"고 말한다. 진리를 가진 자는 진리를 가지지 못한 자 앞에 굴복해서는 안 된다. 그 거짓 형제들의 사상은 하나님께서 주신 복음 진리와 배치되었기 때문에, 사도 바울은 그것을 받아들일 수 없었다. 바울은 하나님의 복음 진리 곧 율법으로부터 자유케 하시는 이 진리가 자신뿐 아니라 자기가 전도하여 믿게 된 모든 성도들에게도 있게 하기를 원하였다.

[6-9절] 유명하다는[지도적인] **이들 중에 (본래 어떤 이들이든지 내게 상관이 없으며 하나님은**[께서는] **사람의 외모를 취하지 아니하시나니) 저 유명한**[지도적인] **이들은 내게 더하여 준 것이 없고 도리어 내가 무할례자에게 복음 전함을 맡기를 베드로가 할례자에게 맡음과 같이 한 것을 보고 (베드로에게 역사하사 그를 할례자의 사도로 삼으신 이가**[께서] **또한 내게 역사하사 나를 이방인에게 사도로 삼으셨느니라)**(KJV, NASB) **또 내게 주신 은혜를 알므로 기둥같이 여기는 야고보와 게바와 요한도 나와 바나바에게 교제의 악수를 하였으니 이는 우리는 이방인에게로, 저희는 할례자에게로 가게 하려 함이라.**

6절 상반절과 8절은 문맥상 삽입적 의미를 가진다. 어떤 영어성경들은 8절을 괄호 안에 두었다(KJV, NASB). '유명한 이들'은 '지도적

인물들' 즉 예루살렘의 원사도들과 그들의 인정을 받은 자들을 가리킬 것이다. 사도 바울은 '본래 어떤 이들이든지 내게 상관이 없다'고 말한다. 성도의 신앙은 사람들에게 의존하지 않고 오직 성경말씀에만 의존해야 한다. 우리의 양심은 오직 하나님께만 매여야 한다. 그러므로 교회 안에서는 어떤 직분자의 중요성보다, 모든 성도가 하나님 앞에서 형제 자매이며 한 식구라는 사실이 중요하다.

원사도들은 사도 바울에게 더하여 준 것이 없었다. 예수 그리스도께서 바울에게 계시해주신 복음은 부족함이 없었다. 주 예수 그리스도께서는 원사도들에게 주셨던 그 동일한 복음 진리를 바울에게도 주셨다. 사도 바울의 복음과 원사도들의 복음은 아무런 차이가 없었다. 사도 바울이 예루살렘에 올라가 제출한 복음의 내용은 바로 열두 사도들이 전파하였던 바로 그 복음이었다. 사도 바울이 예루살렘에 올라감으로써 그의 복음에 어떤 수정이나 보완이 있었던 것이 아니었다. 단지 그의 복음과 원사도들의 복음이 동일하다는 것이 증거되었을 뿐이다. 그들 상호간에 교리적 일치, 교훈적 일치가 있었다.

하나님께서는 베드로를 유대인들을 위한 사도로 삼으셨고 바울을 이방인들을 위한 사도로 삼으셨다. 예루살렘의 사도들은 그 사실을 인정하였다. 그러므로 기둥같이 여기는 야고보와 게바 즉 베드로와 요한은 하나님께서 바울에게 주신 은혜를 알므로 바울과 바나바에게 교제의 악수를 하였다. 이 교제의 악수는 사도 바울의 복음과 사도 베드로의 복음이 동일한 복음이라는 것을 의미하였다. 다른 말로, 이 교제의 악수는 사도 바울의 복음이 하나님께서 주신 진리라는 것을 증거한 것이다. 이렇게 확인된 그 복음 외에 다른 복음은 이 세상에 없으며, 오늘날에도 예수 그리스도를 믿음으로 의롭다 하심을 얻는다는 그 복음만이 모든 사람들에게 구원과 생명이 된다.

〔10절〕 다만 우리에게 가난한 자들 생각하는 것을 부탁하였으니 이것을 나도 본래 힘써 행하노라.

예루살렘의 사도들이 바울에게 부탁한 것이 있다면 단지 가난한 자들을 기억해 달라는 것이었다. 사도행전 11:29에 보면, 글라우디오 황제 때 큰 흉년이 들어 유대에 사는 성도들에게 구제헌금을 보낸 일이 있었다. 사도행전 15장 때에도 유대 지방에는 가난한 자들이 많이 있었던 것 같다. 구제에 대하여, 사도 바울은 이전부터 자신도 그 일을 힘써 행하여 왔다고 증거한다. 구제는 하나님의 명하신 뜻이며(신 15:7-11) 하나님의 백성들의 당연한 의무이다(고후 9:13). 예수님을 믿고 구원 얻은 사람들은 선을 행하고 구제하기를 힘써야 한다.

본문의 교훈을 정리해보자. 첫째로, 사도 바울이 증거한 복음은 사도 베드로가 증거한 복음과 동일했다. 사도 바울은 이것을 확인하기 위해 예루살렘에 올라갔고 그의 복음을 예루살렘 교회의 지도적 인물들 앞에 제출하였다. 그들은 바울의 복음에 더하여 준 것이 없었다. 예루살렘 교회의 기둥 같은 인물들인 야고보와 베드로와 요한은 바울과 바나바와 교제의 악수를 했고, 그들은 할례자들을 위해, 바울과 바나바는 이방인들을 위해 일함을 확인했다. 그들이 주 예수 그리스도께로부터 받아 전파하고 가르쳤던 복음 진리는 동일하였다. 이 사도적 복음, 이 성경적 복음만이 오늘도 모든 사람들에게 구원과 생명이 된다.

둘째로, 복음은 율법으로부터의 자유를 준다. 바울은 그것을 '그리스도 예수 안에서 우리의 가진 자유'라고 표현했다. 그것은 율법으로부터의 자유, 즉 율법의 멍에와 공포로부터의 자유이다. 율법을 행함으로 의롭다 하심을 얻으려는 것은 잘못이다. 사람의 행위는 늘 부족하다. 행함으로 의롭다 하심을 얻을 자는 아무도 없다. 주 예수 그리스도의 의는 우리에게 자유함을 준다. 물론, 선한 행위는 믿음의 당연한 증거이다.

셋째로, 우리는 구제와 선행을 힘써야 한다. 구제와 선행은 하나님의 명령이다. 우리가 행위로 구원 얻는 것은 아니나, 행위 없이 구원 얻는 것도 아니다. 참된 믿음은 계명 순종과 구제와 선행으로 나타나야 한다.

11-21절, 이신칭의(以信稱義)

〔11절〕 게바[베드로](전통사본)[6]**가 안디옥에 이르렀을 때에 책망할 일이 있기로 내가 저를 면책하였노라.**

베드로가 안디옥에 이르렀을 때 바울은 그를 책망할 일이 있었다. 3년간이나 주님께 직접 배웠고 성령의 은사를 받아 복음 진리를 밝히 이해하고 고난을 무릅쓰고 증거했던 베드로는 상당히 성숙한 인격이었을 것이지만, 그에게 실수가 없지 않았다. 이 세상에 온전한 사람은 없다. 하나님의 사람이라도 부족이 있었다. 세상에서 완전 성화란 없다. 성도의 성화는 매우 더디다. 베드로에게 책망할 일이 있었을 때 바울은 그 앞에서 그를 책망하였다. 이것은 어려운 일이다. 사람 앞에서 의와 겸손으로 책망하는 것은 어려운 일이지만 훌륭한 행동이다. 잠언 27:5, "면책은 숨은 사랑보다 나으니라." 사람 앞에서 아부하고 뒤에서 비난하는 것은 나쁜 행동이지만, 사람 앞에서 바른 충고를 하고 뒤에서 함부로 비난치 않는 것은 좋은 인격의 모습이다.

〔12절〕 야고보에게서 온 어떤 이들이 이르기 전에 게바가[그가] **이방인과 함께 먹다가 저희가 오매 그가 할례자들을 두려워하여 떠나 물러가매.**

야고보에게서 온 사람들은 유대인들의 관습에 젖어 있는 자들이었던 것 같다. 유대인들의 관습에 의하면, 그들은 이방인들과 함께 음식을 먹지 말아야 하였다(행 10:28). 베드로가 이방인들과 함께 음식을 먹다가 야고보에게서 온 유대인들이 왔을 때 그들을 두려워해 떠나 물러간 것은 유대인들이 그에게 법을 어겼다고 비난할까봐 두려워했기 때문일 것이다. 베드로의 행동은 누구에게나 있는 약한 마음에서 나온 행동이었다. 사람은 누구든지 칭찬받기를 좋아하고 비난받기를 싫어하고, 평안과 안정을 좋아하고 싸움과 갈등을 싫어한다.

---

6) Byz it vg^{mss} 등이 그러함.

〔13절〕 남은 유대인들도 저와 같이 외식하므로 바나바도 저희의 외식에 유혹되었느니라.

베드로뿐 아니라, 남은 유대인들도 그와 같이 외식하였고, 바울의 동료인 바나바도 그들의 외식에 유혹되었다. 신앙생활에는 앞선 자의 역할이 중요하다. 오늘날처럼 기독교계가 혼란한 시대에는 바른 사상과 분별력과 인격을 가진 지도자가 필요하다. 우리는 다른 사람에게 유익을 주는 덕스러운 처신을 해야 한다. 바울은 베드로의 행동을 외식이라고 판단하였다. 이방인들과 음식을 먹는 것이 정당한 일이었다면, 야고보에게서 온 유대인들 앞에서도 그렇게 행동했어야 했고, 그것이 옳지 않은 일이었다면, 그들이 없었을 때에도 하지 말았어야 했다. 사람은 연약하여 외식의 죄를 범하기 쉽다.

〔14-15절〕 그러므로 나는 저희가 복음의 진리를 따라 바로 행하지 아니함을 보고 모든 자 앞에서 게바[베드로][7]에게 이르되 네가 유대인으로서 이방을 좇고 유대인답게 살지 아니하면서 어찌하여 억지로 이방인을 유대인답게 살게 하려느냐 하였노라. 우리는 본래 유대인이요 이방 죄인이 아니로되.

베드로의 외식적 행위는 복음 진리대로 행하지 않은 실수이었다. 복음 진리는 유대인이나 이방인이나 다 주 예수 그리스도를 믿으면 구원을 얻고 하나님의 자녀가 된다는 것이다. 이방인들은 본래 죄인이었다. 그들은 본래 하나님에 대한 바른 지식이 없이 우상들을 섬기며 더러운 죄악들 가운데 살았던 자들이었다. 우리나라만 보더라도 옛날부터 관리들은 탐욕적이고 부패하였고 가난한 상민들은 눈물과 고통이 컸다. 또 아내들과 종들은 구타와 학대를 당하여도 하소연할 데가 없었고 며느리들은 종들처럼 가정 일을 해야 했다. 옛날의 우리나라뿐 아니라, 인간 세상에 참으로 진실과 공의와 정직, 사랑과 선이 넘쳐났던 때는 아마 한번도 없었을 것이다.

---

7) Byz it vg[mss] 등이 그러함.

[16절] **사람이 의롭게 되는**[의롭다 하심을 얻는] **것은 율법의 행위에서** 난 것이 **아니요 오직 예수 그리스도를 믿음으로 말미암는 줄 아는 고로 우리도 그리스도 예수를 믿나니 이는 우리가 율법의 행위에서 아니고 그리스도를 믿음으로서**[믿음으로써] **의롭다 함**[하심]**을 얻으려 함이라. 율법의 행위로서는**[행위로써는] **의롭다 함**[하심]**을 얻을 육체가 없느니라.**

본절은 하나님의 복음의 핵심을 말한다. 하나님의 복음은 사람이 어떻게 죄사함과 의롭다 하심을 얻는가 하는 문제이다. 그것은 사람이 모든 죄악된 처지 곧 죄인의 신분과 법적 책임과 벌, 그리고 죄악된 성향으로부터 구원을 얻어 하나님께서 창조하셨던 본래의 의롭고 선한 모습을 어떻게 회복할 수 있는가 하는 문제이다.

우선, 율법의 행위로 의롭다 하심을 얻을 육체가 없다. 율법의 행위로 말미암는 의는 율법을 다 지키는 것을 말한다. 신명기 6:25, "우리가 그 명하신 대로 이 모든 명령을 우리 하나님 여호와 앞에서 삼가 지키면 그것이 곧 우리의 의로움이니라." 그러나 하나님의 율법을 다 지키는 자는 세상에 아무도 없다. 그러므로 세상에 참된 의인은 하나도 없는 것이다. 로마서 3:11, "의인은 없나니 하나도 없으며." 로마서 3:20, "그러므로 율법의 행위로 그의 앞에 의롭다 하심을 얻을 육체가 없나니 율법으로는 죄를 깨달음이니라."

사람이 의롭다 하심을 얻는 것은 율법의 행위에서가 아니고 오직 예수 그리스도를 믿음으로 말미암는다. "사람이 의롭다 하심을 얻는 것은 율법의 행위에서 난 것이 아니요 오직 예수 그리스도를 믿음으로 말미암는 줄 아는 고로 우리도 그리스도 예수를 믿나니 이는 우리가 율법의 행위에서 아니고 그리스도를 믿음으로써 의롭다 하심을 얻으려 함이라." 로마서 3:21-22는, "이제는 율법 외에 하나님의 한 의가 나타났으니 율법과 선지자들에게 증거를 받은 것이라. 곧 예수 그리스도를 믿음으로 말미암아 모든 믿는 자에게 미치는 하나님의 의니 차별이 없느니라"고 말한다. '율법 외에'라는 말은 '율법과 별개로, 율법과 관계없이'라는 뜻이다. 주 예수님을 믿음으로 의롭다 하심을 얻는 것은 율법과 다른 방법이다. 그러나 이것은 율법과 선지자들에게 증거를 받은 것 곧 구약시대에 성막 제도와 제사 제도에서 암시된 바이었다. 또 이 구원의 방법은 모든 믿는 자에게 차별 없이 적용되는 방법이다. 유대인도 이방인도, 남녀노소, 빈부귀천, 유무식 할 것 없이 누구든지 예수님을 믿으면 죄사함과 의롭다 하심을 얻는다.

왜 예수 그리스도만 믿으면 의롭다 하심을 얻는가? 그것은 하나님께서 마련해주신 구원의 방법이기 때문이다. 그것은 인류 역사 초기부터 제사제도를 통해 암시되었다. 이제 예수께서 십자가에 죽으심으로 우리의 죄에 대한 하나님의 공의의 형벌을 담당하셨으므로 우리가 그 안에서 의롭다 하심을 얻게 된다. 그러므로 로마서 3:24는 "그리스도 예수 안에 있는 구속(救贖)으로 말미암아 하나님의 은혜로 값없이 의롭다 하심을 얻은 자 되었느니라"고 말하였다.

[17-18절] 만일 우리가 그리스도 안에서 의롭게 되려[의롭다 하심을 얻으려] **하다가 죄인으로 나타나면 그리스도께서 죄를 짓게 하는 자냐? 결코 그럴 수 없느니라.** [이는] **만일 내가 헐었던 것을 다시 세우면 내가 나를 범법한 자로 만드는 것이라**[것임이니라].

의(義)라는 것은 하나님의 계명을 완전히 지킨 것을 의미한다. 우리는 구주 예수 그리스도께서 십자가의 죽음으로 이루신 구속(救贖)으로 의롭다 하심을 얻었다. 만일 우리가 그리스도 안에서, 즉 그리스도의 구속(救贖)만 믿고 의롭다 하심을 얻으려 하다가 죄인으로 나타나면 그리스도께서 사도 바울을 속이셔서 잘못된 것을 전하여 우리로 믿게 하신 것이 되는데, 결코 그럴 수 없다. 예수 그리스도께서는 결코 그를 속이지 않으셨고 또 우리를 속이지 않으신다. 예수 그리스도를 믿음으로 의롭다 하심을 얻는다는 복음은 하나님의 진리이다. '내가 헐었던 것'이란 사람이 율법으로 의롭다 하심을 얻을 수 있다는 생각을 가리킨다. 바울은 사람이 율법으로 의롭다 하심을 얻게 될 수 없다고 주장해 왔다. 그러므로 만일 바울이 사람이 율법을 행함으로 의롭다 하심을 얻을 수 있다고 말한다면, 그는 죄인이 될 것이다.

〔19절〕 [이는] **내가 율법으로 말미암아 율법을 향하여 죽었나니**[죽었음이니] **이는 하나님을 향하여 살려 함이니라.**

'율법을 향해'(노모 νόμῳ), '하나님을 향해'(데오 θεῷ)라는 원어는 관계성을 나타낸다(관계의 여격). 즉 '율법과의 관계에서,' '하나님과의 관계에서'라는 뜻이다. 그러므로 "율법으로 말미암아 율법을 향하여 죽었다"는 말은 "율법의 정죄로 말미암아 율법과의 관계에서 죽었다"는 뜻이다. 우리는 언제, 어떻게 율법과의 관계에서 죽었는가? 그리스도께서 우리를 위하여 율법의 정죄를 받으셔서 십자가에 달려 죽으셨을 때, 우리는 그리스도로 말미암아 율법과의 관계에서 완전히 죽은 자가 되었다. 또 "하나님을 향하여 살려 함"이라는 말씀은 "내가 하나님과의 관계에서 산 자가 되기 위함"이라는 뜻이다.

〔20절〕 **내가 그리스도와 함께 십자가에 못박혔나니 그런즉 이제는 내가 산**[사는] **것이 아니요 오직 내 안에 그리스도께서 사신**[사시는] **것이라. 이제 내가 육체 가운데 사는 것은 나를 사랑하사 나를 위하여 자기 몸을 버리신 하나님의 아들을 믿는 믿음 안에서 사는 것이라.**

"내가 그리스도와 함께 십자가에 못박혔다"는 말은 그리스도께서 우리를 대신해 십자가에 죽으셨을 때 우리가 그리스도와 함께 죽은 것이라는 뜻이다. 그리스도의 대속의 죽음은 우리의 죄로 인한 죽음이며 곧 우리의 죽음이었다. "그런즉 이제는 내가 사는 것이 아니요"라는 말은 본래의 나, 율법 아래 정죄되었던 나, 곧 옛사람 내가 사는 것이 아니라는 뜻이다. "내 안에 그리스도께서 사시는 것이라"는 말은 비유적으로 이해해야 한다. 즉 그리스도로 말미암아 새사람으로 살아났기 때문에, 또한 그리스도의 영께서 내 속에 거하시므로, 내 안에 그리스도께서 사시는 것과 같다는 뜻이다. 이 말을 어떤 신비주의자처럼 육신적으로, 신비적으로 이해해서는 안 된다. 왜냐하면 예수 그리스도의 인격과 우리의 인격을 혼동해서는 안 되기 때문이다.

바울은 이것을, "내가 육체 가운데 사는 것은 나를 사랑하사 나를 위하여 자기 몸을 버리신 하나님의 아들을 믿는 믿음 안에서 사는 것이라"고 표현했다. 하나님의 아들 예수 그리스도를 믿는 믿음이 중요하다. 물론, 참 믿음은 회개를 동반한다. 성도는 믿음으로 죄씻음과 의롭다 하심을 얻고(갈 2:16) 하나님의 자녀가 되는 특권을 얻고(요 1:12) 영생을 얻는다(요 3:16). 성도의 삶은 믿음의 삶이다. 성도에게 하나님과 주 예수님을 믿는 믿음이 없다면 그는 아무것도 아니다.

〔21절〕 내가 하나님의 은혜를 폐하지 아니하노니 [이는] **만일 의롭게 되는 것**(디카이오쉬네 δικαιοσύνη)[의(義)]**이 율법으로 말미암으면 그리스도께서 헛되이 죽으셨느니라**[죽으셨을 것임이니라].

'하나님의 은혜'는 예수 그리스도의 십자가 대속(代贖)으로 죄인을 구원하심을 가리킨다. 사도 바울은 은혜의 복음을 전파하였고 지금 그것을 변증하고 있다. 그는 결코 하나님의 은혜를 폐하지 않을 것이다. 왜냐하면 사람이 의롭다 하심을 얻는 것이 율법을 행함으로 말미암으면 예수 그리스도께서 헛되이 죽으셨을 것이기 때문이다.

본문의 교훈을 정리해보자. 첫째로, 사람은 예수 그리스도를 믿음으로 의롭다 하심을 얻는다. 이것을 이신칭의(以信稱義)라고 말한다. 율법을 행함으로 의롭다 하심을 얻을 자는 아무도 없다. 우리는 예수 그리스도의 대속으로 말미암아 의인으로 간주된다. 어떤 죄인도 회개하고 예수 그리스도를 믿으면 죄사함과 의롭다 하심을 받는다. 사람이 의롭다 하심을 얻는 것은 율법의 행위로 되지 않고 예수님을 믿음으로 된다.

둘째로, 성도의 삶은 예수 그리스도를 믿는 믿음 안에서 사는 삶이다. 성도에게 믿음은 의요 생명이요 평안이다. 믿음 있으면 모든 것이 있고 믿음 없으면 아무것도 없다. 물론, 그 믿음은 선을 행하는 믿음이다. 참된 믿음, 생명 있는 믿음은 의와 선의 행위를 수반하는 믿음이다.

3장: 율법으로부터의 자유

1-14절, 율법주의는 잘못이다

율법주의란 사람이 율법을 온전히 지켜야 구원을 얻는다는 생각이다. 사도 바울은 율법주의의 잘못에 대해 일곱 가지 점을 말한다.

〔1-2절〕 어리석도다, 갈라디아 사람들아, 예수 그리스도께서 십자가에 못박히신 것이 너희 눈앞에 밝히 보이거늘 누가 너희를 꾀더냐?[누가 너희를 꾀어 진리를 복종치 못하게 하더냐?](전통사본).[8]

첫째로, 예수 그리스도께서 십자가에 죽으셨다는 사실은 율법주의가 잘못임을 증거한다. 예수 그리스도께서 십자가에 죽으셨음은 그가 우리를 대신하여 죄의 형벌을 담당하신 대속 사건이었다. 그러나 갈라디아 교인들 중 어떤 이들은 어리석게도 잘못된 교훈의 꾀임에 넘어가 사람이 율법을 지킴으로 구원을 얻는다고 생각하게 되었다. 그러나 사람이 율법을 지킴으로 구원을 얻는다면, 예수 그리스도께서 십자가에 못박혀 피 흘려 죽으실 필요가 없었을 것이다.

〔2절〕 내가 너희에게 다만 이것을 알려 하노니 너희가 성령[님]을 받은 것은 율법의 행위로냐? 듣고 믿음으로(엑스 아코에스 피스테오스 ἐξ ἀκοῆς πίστεως)[믿음의 들음으로, 즉 믿음을 가지고 들음으로]**냐?**

둘째로, 우리가 성령님 받은 것이 율법을 행함으로가 아니고 복음을 듣고 믿을 때이었다는 것은 율법주의가 잘못임을 증거한다. 에스겔 36장은 죄사함과 중생과 성령님의 내주(內住)하심에 대해 예언했다(겔 36:24-27). 성령께서는 죄인에게가 아니고 구원 얻은 자에게 오신다. 사람은 복음을 듣고 믿어 구원 얻을 때 성령께서 그에게 오시는 것이다. 사도 베드로가 고넬로의 가족들에게 복음을 전할 때 성령

8) Byz C vg^{cl} 등이 그러함.

께서는 그 말씀을 듣는 모든 사람에게 내려오셨다(행 10:44). 성령께서 오셔서 거하시는 것은 그가 구원 얻었다는 증거가 된다(엡 1:13).

〔3-4절〕 너희가 이같이 어리석으냐? 성령[님]**으로 시작하였다가 이제는 육체로 마치겠느냐**[완전케 되겠느냐](KJV, NASB)**? 너희가 이같이 많은 괴로움을 헛되이 받았느냐? 과연 헛되냐?**

셋째로, 사람이 율법을 지켜 의롭게 될 수 없다는 사실은 율법주의가 잘못임을 증거한다. '육체로 완전케 된다'는 말씀은 사람이 자기의 노력으로 도덕적 완전에 도달할 수 있다는 뜻이다. 사도 바울은 율법을 지켜 도덕적 완전, 즉 의에 이른다고 생각하는 자들을 어리석다고 말한다. 성도의 삶은 성령님의 중생케 하심으로 시작되며 성령님의 도우심으로 자라고 온전케 된다. 성화는 성령님의 도우심으로 이루어진다. 갈라디아서 5:16, "너희는 성령님을 좇아 행하라. 그리하면 육체의 소욕을 이루지 아니하리라." 더욱이, 갈라디아 교인들은 은혜의 복음을 받은 후 유대인들에게 많은 고난을 당했다. 그들이 이제 은혜의 복음을 포기하고 율법주의로 돌아간다면 그들이 당했던 고난들이 헛된 일이 될 것이다. 그러나 그렇게 되어서는 안 될 것이다. 그들은 가치 있는 고난을 받았지 결코 헛된 고난을 받은 것이 아니었다.

〔5절〕 너희에게 성령을 주시고 너희 가운데서 능력을 행하시는 이의 일이 율법의 행위에서냐? 듣고 믿음에서냐?

넷째로, 하나님께서 그들 가운데 성령님의 기적들을 행하신 것이 그들이 복음을 듣고 믿을 때이었지 율법을 행할 때가 아니었다는 사실은 율법주의가 잘못임을 증거한다. 본절의 '능력'이라는 원어(뒤나메이스 δυνάμεις)는 '기적들'이라는 뜻이다. 성령님의 초자연적 기적들은 초대 교회의 성도들이 율법을 지킬 때 주신 것이 아니고 예수 그리스도를 믿고 구원 얻었을 때 은혜로 주신 것이었다(행 3:12, 16).

〔6-7절〕 아브라함이 하나님을 믿으매 이것을 그에게 의로 정하셨다[여기셨다] **함과 같으니라. 그런즉 믿음으로 말미암은 자들은 아브라함의 아들**

인 줄 알지어다.

다섯째로, 아브라함이 율법을 행함으로가 아니고 하나님을 믿음으로 하나님 앞에서 의롭다 하심을 얻었다는 사실은 율법주의가 잘못임을 증거한다. 창세기 15:6은 "아브람이 여호와를 믿으니 여호와께서 이를 그의 의로 여기셨다"고 기록했다. '믿음으로 말미암은 자들'이라는 말은 예수님을 믿음으로 의롭다 하심을 얻은 자들을 가리킨다. 그들이 아브라함의 아들들이 된다는 것은 성경 진리에 맞다.

〔8-9절〕 또 하나님이[께서] **이방을 믿음으로 말미암아 의로 정하실**[의롭다 하실] **것을 성경이 미리 알고 먼저 아브라함에게 복음을 전하되 모든 이방이 너를 인하여**[너로 말미암아] **복을 받으리라 하였으니 그러므로 믿음으로 말미암은 자는 믿음이 있는 아브라함과 함께 복을 받느니라.**

하나님께서 아브라함에게 "땅의 모든 족속이 너로 말미암아 복을 얻을 것이니라"(창 12:3)고 말씀하셨을 때 그것은 믿음으로 의롭다 하심을 얻는 복이 이방인에게도 적용될 것을 암시했다. 예수님 믿는 자들은 아브라함과 함께 의롭다 하심의 복을 받는다.

〔10절〕 무릇 율법 행위에 속한 자들은 저주 아래 있나니 기록된 바 누구든지 율법 책에 기록된 대로 온갖 일을 항상 행하지 아니하는 자는 저주 아래 있는 자라 하였음이라.

여섯째로, 율법 행위에 속한 자들 즉 율법을 지켜 의롭다 하심을 얻으려 하는 자들이 저주 아래 있다는 사실은 율법주의가 잘못임을 증거한다. 신명기 27:26, "이 율법의 모든 말씀을 실행치 아니하는 자는 저주를 받을 것이라 할 것이요 모든 백성은 아멘 할지니라." 이 세상에서 모든 율법을 항상 지키는 사람은 아무도 없고 예수님 믿고 구원 얻은 성도라도 그렇게 할 수 없기 때문에 율법을 지켜 의롭다 하심을 얻으려는 자들은 다 저주 아래 있을 수밖에 없다.

〔11-12절〕 또 하나님 앞에서 아무나 율법으로 말미암아 의롭게 되지[의롭다 하심을 얻지] **못할 것이 분명하니 이는 의인이 믿음으로 살리라 하였**

음이니라. 율법은 믿음에서 난 것이 아니라. 이를 행하는 자는 그 가운데서 살리라 하였느니라.

일곱째로, 의인이 믿음으로 살리라는 성경말씀(합 2:4)은 율법주의가 잘못임을 증거한다. 율법과 믿음은 다르다. 율법은 "사람이 이를 행하면 그로 인하여 살리라"고 말했다(레 18:5). 율법주의가 맞으려면 의인이 율법을 행함으로 살리라고 말했어야 할 것이다.

〔13절〕 그리스도께서 우리를 위하여 저주를 받은 바 되사 율법의 저주에서 우리를 속량하셨으니 기록된 바 나무에 달린 자마다 저주 아래 있는 자라 하였음이라.

율법주의는 예수 그리스도께서 우리를 율법의 저주에서 속량하셨다는 복음의 기본적 진리를 인식하지 못하고 있다. 예수 그리스도의 속죄사역은 역사적이며 객관적이며 대리적이며 완전한 사역이었다. 예수 그리스도께서 이루신 의는 완전한 의이었다(롬 10:4). 그러므로 오늘날 우리가 예수님을 믿음으로 얻은 의는 완전한 의, 곧 도덕적 완전이며 거기에 무엇이 더 첨가될 것이 없다. 그 의 안에서 그리스도인은 율법의 속박과 저주와 공포로부터의 자유를 누린다.

〔14절〕 이는 그리스도 예수 안에서 아브라함의 복이 이방인에게 미치게 하고 또 우리로 하여금 믿음으로 말미암아 성령[님]의 약속을 받게 하려 함이니라.

예수 그리스도의 속죄의 결과로 예수님 믿는 자들은 두 가지 복을 받는다고 표현된다. 첫째는 아브라함의 복이다. 그것은 믿음으로 의롭다 하심을 얻는 것을 가리킨다. 아브라함은 하나님을 믿었고 하나님께서는 이것을 그의 의로 여기셨다. 이와 같이, 예수 그리스도를 믿는 자는 하나님 앞에서 의롭다 하심을 얻는다. 둘째는 성령님을 받는 것이다. 성령께서는 죄인들 속에는 오실 수 없고 더욱이 영속적으로 그들 속에 거하실 수 없다. 그러나 그는 예수 그리스도를 믿는 자들 속에 오셨고 영원히 거하시며 떠나지 않으실 것이다(요 14:16).

본문은 율법주의, 즉 율법을 온전히 지켜야 구원을 얻는다는 사상을 확실하게 반박한다. 첫째로, 예수 그리스도께서는 우리의 죄를 대속(代贖)하기 위해 십자가에 죽으셨다. 둘째로, 우리는 율법을 행함으로가 아니고 예수님을 믿음으로 성령님을 받았다. 셋째로, 사람은 율법을 온전히 지켜 의롭다 하심을 얻을 수 없다. 넷째로, 하나님께서 초대교회에 성령님의 기적들을 베푸신 것은 신자들이 예수님을 믿었을 때이었다. 다섯째로, 아브라함은 율법을 행함으로가 아니고 하나님을 믿음으로 의롭다 하심을 얻었다. 여섯째로, 율법을 지켜 의롭다 하심 얻으려 하는 자들은 저주 아래 있다. 일곱째로, 성경은 의인이 믿음으로 살리라고 말했다. 그러므로 율법을 온전히 지켜야 구원 얻는다는 사상은 잘못이다.

본문에서 우리는 세 가지 교훈을 기억하자. 첫째로, 우리는 아브라함이 하나님을 믿음으로 의롭다 하심을 얻었듯이 하나님께서 보내주신 구주 예수 그리스도를 믿음으로 의롭다 하심을 얻었음을 바로 깨닫고 하나님께 참으로 감사해야 한다. 율법의 행위로는 하나님 앞에 의롭다 하심을 얻을 자가 아무도 없다. 우리의 의는 예수님밖에 없다. 예수께서는 우리의 의와 거룩과 구속(救贖)이 되셨다. 이것이 복음이다.

둘째로, 우리는 율법을 행할 때에가 아니고 예수 그리스도를 믿을 때 성령께서 우리 속에 오셨음을 깨닫고 하나님께 참으로 감사해야 한다. 성령께서는 우리의 행위에 근거해서가 아니고 예수 그리스도의 대속사역에 근거해서 우리 속에 오셨고 영원히 우리 안에 거하시는 것이다.

셋째로, 우리는 예수 그리스도를 믿음으로 의롭다 하심을 얻었을 때 율법의 저주로부터 구원함을 얻은 사실을 바로 깨닫고 하나님께 참으로 감사해야 한다. 이것은 예수 그리스도께서 십자가에 죽으심이 우리를 대신해 율법의 저주를 받으신 것이기 때문에 즉 그의 대속사역 때문에 우리가 율법의 저주로부터 구원을 얻은 것을 의미한다. 율법은 더 이상 우리를 위협하지 못한다. 우리는 율법의 속박과 위협과 공포로부터 자유함을 얻었다. 이것은 믿는 성도들의 기쁨과 평안의 근거이다.

15-29절, 언약, 율법, 믿음

〔15-16절〕 형제들아, 사람의 예대로 말하노니 사람의 언약이라도 정한 후에는 아무나 폐하거나 더하거나 하지 못하느니라. 이 약속들은 아브라함과 그 자손에게 말씀하신 것인데 여럿을 가리켜 그 자손들이라 하지 아니하시고 오직 하나를 가리켜 네 자손이라 하셨으니 곧 그리스도라.

사람의 언약도 한 번 맺으면 아무나 폐하거나 더하거나 하지 못한다. 하물며, 하나님께서 세우신 언약은 더 확실하게 시행될 것이다. 창세기 22:18에 보면, 하나님께서는 아브라함에게 "네 씨로 말미암아 천하 만민이 복을 얻으리라"고 약속하셨다. 여기에 '네 씨'라는 단수 명사는 아브라함의 자손 예수 그리스도를 가리켰다. 아브라함에게 주신 약속은 이삭에게도(창 26:4) 야곱에게도(창 28:14) 반복되었다.

〔17절〕 내가 이것을 말하노니 하나님의[하나님께서 그리스도 안에서](전통본문)[9] **미리 정하신 언약을 430년 후에 생긴 율법이 없이하지 못하여 그 약속을 헛되게 하지 못하리라.**

율법이 언약보다 430년 후에 세워졌다는 것은 야곱 때로부터 시내산에서 율법을 받은 때까지 계산한 것이다(출 12:40-41). 아브라함에게 주신 약속이 그의 아들 이삭과 손자 야곱에게도 동일하게 주어졌기 때문이라고 보인다. 하나님께서 열조들에게 세우신 언약을 430년 후에 주신 율법이 폐하지 못한다. 그러면 율법은 다른 목적이 있었다.

〔18절〕 [이는] **만일 그 유업이 율법에서** 난 것이면 **약속에서** 난 것이 **아니리라**[아닐 것이나]. **그러나 하나님이**[께서] **약속으로 말미암아 아브라함에게 은혜로 주신 것이라**[것임이니라].

하나님께서 아브라함에게 약속하시고 은혜로 주신 '유업'은 가나안 땅을 가리킨다. 그는 아브라함과 언약을 맺으실 때 가나안 땅을 그와 그 자손들에게 주실 것을 약속하셨었다(창 12:7; 13:15; 15:18; 17:8).

---

9) Byz it^{d} vg^{mss} syr^{p} arm 등이 그러함.

이와 같이, 이스라엘 백성이 가나안 땅을 유업으로 얻은 것은 율법을 지킴으로써가 아니었고 은혜의 약속으로 말미암은 것이다. 그들은 율법의 행위로가 아니고 약속으로 그 땅을 얻었다. 이 사실은 후에 주신 율법이 하나님의 약속을 폐지할 수 없다는 사실을 증거한다.

〔19-20절〕 그런즉 율법은 무엇이냐? 범법함을 인하여 더한 것이라. 천사들로 말미암아 중보의 손을 빌어 베푸신 것인데 약속하신 자손이[께서] **오시기까지 있을 것이라. 중보는 한편만 위한 자가 아니나 오직 하나님은**[께서는] **하나이시니라.**

율법은 사람들의 범죄 때문에 주어진 것이고 그 역할은 사람의 죄를 깨닫게 하는 것이었다. 그것은 '천사들로 말미암아 중보자의 손을 빌어' 주셨다. 여기에 '중보자'는 모세를 가리켰다고 본다. 하나님께서는 모세를 통하여 율법을 이스라엘 백성에게 주셨다(신 5:5; 요 1:17). 그는 율법을 주실 때 천사들을 사용하셨다(행 7:53; 히 2:2). 율법의 유효 기간은 '약속하신 자손, 즉 그리스도께서 오시기까지'이다. 오늘 우리는 율법 제도 아래 있지 않고, 율법의 저주 아래 있지도 않다. 그 이유는 약속하신 그리스도께서 오셨고 그가 우리의 죄를 담당하심으로 우리를 율법의 저주에서 건져주셨기 때문이다.

중보는 한편만 위하지 않고 양편을 위해 중간 역할을 하는 자이다. 그 양편은 하나님과 이스라엘 백성이다. '오직 하나님께서는 하나이시니라'는 말씀은 이스라엘의 조상들에게 약속을 주신 자도 하나님이시요 모세를 통해 율법을 주신 자도 바로 그 하나님이시라는 뜻이다.

〔21절〕 그러면 율법이 하나님의 약속들을 거스리느냐[거스르느냐]**? 결코 그럴 수 없느니라.** [이는] **만일 능히 살게 하는 율법을 주셨더면 의가 반드시 율법으로 말미암았으리라**[말미암았을 것임이니라].

율법은 하나님의 약속을 폐지할 수 없고 율법과 언약은 서로 모순될 수 없다. 왜냐하면 둘 다 하나님께서 주셨기 때문이다. 만일 하나님께서 능히 살게 하는 율법을 주셨다면, 의가 반드시 율법으로 말미암아 왔을 것이지만, 그렇지 않은 것을 보면 하나님께서 율법을 주신 것은 다른 목적이 있으셨다. 우리는 율법의 참 목적을 알아야 한다.

〔22절〕 그러나 성경이 모든 것을 죄 아래 가두었으니 이는 예수 그리스도를 믿음으로 말미암은 약속을 믿는 자들에게 주려 함이니라.

율법의 목적은 사람으로 죄를 깨닫게 하는 데 있다. 성경은 모든 인류를 죄 아래 가두었다. 모든 사람은 하나님 앞에서 죄인이다. 특히 율법에 비추어 그러하다. 또 하나님께서 율법을 통해 사람으로 죄를 깨닫게 하시는 것은 예수 그리스도를 믿음으로 의와 영원한 생명을 얻게 하려 하심이다. 여기에 율법의 중요한 목적이 있다.

〔23절〕 믿음이 오기 전에 우리가 율법 아래 매인 바 되고 계시될 믿음의 때까지 갇혔느니라.

'믿음이 오기 전에'라는 말은 '예수 그리스도를 믿는 믿음이 오기 전에'라는 뜻이고, '계시될 믿음의 때까지'라는 말은 예수 그리스도를 믿어 구원 얻는 진리를 계시하신 때 즉 신약시대 이전을 의미한다. '우리가 율법 아래 매인 바 되었다'는 말은 구약시대의 성도들의 상태를 가리킨다. 구약시대에는 사람들이 율법 제도 아래 있었고 또 율법의 저주 아래(신 27:26) 있었다. 물론, 구약 백성도 의식법에 암시된 하나님의 은혜를 받았다고 보지만, 율법의 엄격한 요구와 조건 아래서 죄에 대한 양심의 가책과 죄의 형벌에 대한 공포를 피할 수 없었을 것이다. 죄의 완전한 속죄와 영원한 의는 아직 미래의 것이었다.

〔24절〕 이같이 율법이 우리를 그리스도에게로 인도하는 몽학선생이 되어 우리로 하여금 믿음으로 말미암아 의롭다 하심을 얻게 하려 함이니라.

'몽학선생'이라는 원어(<u>파이다고고스</u> παιδαγωγός)는 '어린아이를 학교에 데려다 주고 또 데려오는 종'을 가리킨다(BDAG). 사도 바울은 구약 백성을 어린아이 시절에 비유하고, 신약 백성을 성장한 나이에 비유했다. 율법은 사람들로 '나는 의가 없는 자이다, 나는 하나님의 요구 조건을 만족시키지 못하였다, 나는 하나님의 저주 아래 있다'는 사실을 깨닫게 하고 그럼으로써 그리스도 예수께로 인도한다.

그것은 우리로 하여금 믿음으로 말미암아 의롭다 하심을 얻게 하려 함이다. 율법의 저주는 예수 그리스도를 통한 의(義)에 이르는 길이다. 사람에게는 의에 이르는 두 가지의 길이 있었다. 하나는 자기의 의로운 행위로 하나님 앞에서 의롭다고 간주되는 길이고, 다른 하나는 예수 그리스도를 믿음으로 하나님 앞에서 의롭다고 간주되는 길이다. 행위로 의에 이르는 길은 실제로는 불가능하다. 그러므로 사람이 의롭다 하심을 얻는 길은 예수 그리스도를 믿는 길밖에 없다.

〔25절〕 믿음이 온 후로는 우리가 몽학선생 아래 있지 아니하도다.

'믿음이 온 후'라는 말은 시대적으로는 신약시대를 말하며, 개인적으로는 예수 그리스도를 믿게 된 후를 말한다. 신약시대에 살고 있다 할지라도 그를 믿기 전에 우리는 하나님의 은혜를 알지 못했고 기껏해야 도덕적으로 최선의 삶을 추구했었다. 그때의 우리의 삶은 범죄와 실수와 불완전한 행위로 인하여 죄책과 불안과 공포 아래 있었다. 그러나 우리는 예수 그리스도를 구주와 주(主)로 믿었고 의롭다 하심을 얻었고 율법의 저주와 공포로부터 자유함을 얻었다.

'몽학선생 아래 있지 않다'는 말은 '율법의 제도 아래 있지 않다'는 말이다. 우리는 더 이상 '행하라, 그러면 살리라'는 율법의 명령 아래 있지 않다. 우리는 또한 성전 예배를 드리고 제사들과 절기들을 지킬 의무 아래 있지도 않다. 예수 그리스도께서 오셔서 율법을 완성하셨고 의식법들이 상징하는 바를 다 이루셨기 때문에, 우리는 더 이상 율법 제도 아래 있지 않다. 우리는 신약 아래 있고 예수 그리스도께서 십자가 대속 사역으로 이루신 의(義)를 옷 입었다.

〔26-27절〕 [이는] **너희가 다 믿음으로 말미암아 그리스도 예수 안에서** [그리스도 예수를 믿음으로] **하나님의 아들이 되었으니**[되었음이니 이는] **누구든지 그리스도와 합하여**[안으로] **세례를 받은 자는 그리스도로 옷 입었느니라**[옷 입었음이니라].

우리는 주 예수 그리스도를 믿음으로 하나님의 자녀가 되었다(요 1:12). 또 예수 그리스도의 이름으로 즉 예수 그리스도 안에서 그와 연합하여 세례를 받은 자들은 예수 그리스도의 피로 죄사함을 받았고 그의 의(義)로 옷 입은 자들이다. 그들은 더 이상 율법 아래, 즉 율법 제도와 그 속박과 공포와 저주 아래 있지 않다.

〔28절〕 너희는 유대인이나 헬라인이나 종이나 자주자나 남자나 여자 없이 다 그리스도 예수 안에서 하나이니라.

이것은 구원의 복, 의(義)의 복, 하나님의 자녀가 되는 복을 누림에 있어서 유대인이나 이방인이 차별이 없고 종이나 자유자가 차별이 없고 남성이나 여성이 차별이 없다는 뜻이다. 예수 그리스도를 믿는 모든 성도는 다 동등한 구원의 복을 받았고 다 동등한 영적 특권을 누린다. 이 말씀은 물론 가정이나 교회에서의 남녀의 역할의 구별을 부정하는 말씀으로 이해되어서는 안 된다. 성경은 다른 곳에서 그런 구별을 분명히 가르치기 때문이다(고전 14:34-38; 딤전 2:11-15). 그러나 믿음 안에서의 영적 특권은 남녀노소 모두에게 동일하다.

〔29절〕 너희가 그리스도께 속한 자면 곧 아브라함의 자손이요 약속대로 유업을 이을 자니라.

예수 그리스도께 속한 자들, 곧 예수 그리스도를 믿음으로 구원을 얻어 그와 연합한 성도들은 아브라함의 자손이요 약속대로 기업을 이어받을 자이다. 아브라함의 육신적 자손이 이어받은 기업은 가나안 땅이었으나, 그의 영적 자손들인 신약 성도들이 이어받을 기업은 새 하늘과 새 땅, 곧 천국이다. 베드로전서 1:3-4, "찬송하리로다, 우리 주 예수 그리스도의 아버지 하나님께서 그 많으신 긍휼대로 예수 그리스도의 죽은 자 가운데서 부활하심으로 말미암아 우리를 거듭나게 하사 산 소망이 있게 하시며 썩지 않고 더럽지 않고 쇠하지 아니하는 기업을 잇게 하시나니 곧 너희를 위하여 하늘에 간직하신 것이라." 요한계시록 21:1-2, 7, "또 내가 새 하늘과 새 땅을 보니 처음 하늘과 처음 땅이 없어졌고 바다도 다시 있지 않더라. 또 내가 보매 거룩한 성 새 예루살렘이 하나님께로부터 하늘에서 내려오니 그 예비한 것이 신부가 남편을 위하여 단장한 것 같더라," "이기는 자는 이것들을 유업으로 얻으리라." 천국은 구원 얻은 자들이 이어받을 기업이다.

본문의 교훈을 정리해보자. 첫째로, 우리는 죄를 깨달아야 한다. 하나님께서 율법을 주신 것은 우리에게 의의 길을 보이신 뜻도 있지만 그와 더불어 우리의 죄를 깨닫게 하시는 뜻이 있었다. 율법은 사람으로 죄를 깨닫게 하기 위해 주신 것이다(롬 3:20). 사람이 죄를 깨닫지 못한다면 구주 예수께로 나오지 못하며 구원을 얻지 못할 것이다. 오랜 세월의 구약 역사는 사람이 얼마나 죄악된지를 보여주는 역사이었다. 사람은 심히 부패되었고 무능력해져 있었다. 하나님의 긍휼과 자비가 아니었다면, 그리고 하나님의 아들 예수 그리스도의 대속 사역이 아니었다면, 세상에서는 아무도 죄에서 구원을 얻을 수 없었을 것이다.

둘째로, 우리는 예수 그리스도만 믿어야 한다. 예수 그리스도께서는 율법으로 얻을 수 없는 의를 우리를 위해 십자가에 죽으심으로 이루셨다. 예수 그리스도를 믿는 자들은 죄사함과 의롭다 하심을 얻고 하나님의 자녀가 되는 특권을 얻는다. 또 그들은 아브라함에게 약속된 복, 즉 천국과 영생의 복을 누리며 이 땅에서도 하나님께서 주시는 참된 평안을 누린다. 사람이 죄사함과 의롭다 하심을 얻는 길은 예수 그리스도를 믿는 길밖에 없다. 그것은 또 영생의 길이며 기쁨과 평안의 길이다.

셋째로, 구원 얻은 성도들은 의를 행해야 한다. 율법주의는 잘못이다. 사람은 율법을 행함으로 구원을 받을 수 없다. 우리의 행위는 늘 부족하다. 우리의 의는 예수님밖에 없다. 우리가 받은 의는 율법을 다 지킨 것과 같은 의이다. 그러나 우리는 죄만 짓다가 천국 가는 것이 아니다. 우리는 부족하지만 열심히 의와 선을 행하다가 천국 가는 것이다. 우리는 이제 죄를 짓는 자가 되지 말고 의와 선을 행하는 자가 되어야 한다.

4장: 아들로서 누리는 자유

1-11절, 아들로서 누리는 자유

〔1-3절〕 내가 또 말하노니 유업을 이을 자가 모든 것의 주인이나 어렸을 동안에는 종과 다름이 없어서 그 아버지의 정한 때까지 후견인과 청지기 아래 있나니 이와 같이 우리도 어렸을 때에 이 세상 초등학문(타 스토이케이아 투 코스무 τὰ στοιχεῖα τοῦ κόσμου)[세상의 초보적인 것들](NASB) **아래 있어서 종노릇하였더니.**

사도 바울은 이스라엘 백성과 율법의 관계를 부자(富者) 아버지의 재산을 물려받는 아들과 그의 후견인의 관계로 설명한다. '이 세상의 초보적인 것들'은 율법을 가리킨다. 아들은 아버지의 유산의 주인이 될 것이지만, 어릴 때에는 그 재산을 자기 마음대로 쓰지 못하며 그의 후견인에게 순종해야 한다. 그러나 나이가 되면 그는 자기 권리를 사용할 수 있다. 이와 같이, 이스라엘 백성은 구주 예수 그리스도께서 오시기 전까지, 즉 구약시대에는 율법 아래 복종해야 했다.

〔4-5절〕 때가 차매 하나님이[께서] **그 아들을 보내사 여자에게서 나게 하시고 율법 아래 나게 하신 것은 율법 아래 있는 자들을 속량(贖良)하시고 우리로 아들의 명분을 얻게 하려 하심이라.**

때가 되어 하나님께서는 그의 아들 예수 그리스도를 이 땅에 보내셨다. 예수 그리스도께서는 하나님의 독생자 곧 그의 영원하신 아들이시다(요 1:1; 17:5). 하나님께서는 그 아들을 보내셔서 여자에게서 나게 하셨다. 이것은 구약 예언의 성취이었다. 하나님께서는 아담이 범죄한 후 에덴 동산에서 뱀에게 "내가 너로 여자와 원수가 되게 하고 너의 후손도 여자의 후손과 원수가 되게 하리니 여자의 후손은 네 머리를 상하게 할 것이요 너는 그의 발꿈치를 상하게 할 것이니라"고 말씀하셨었다(창 3:15). 또 예수 그리스도께서 여자에게서 나셨다는 것은 그가 참 사람으로 오셨음을 의미한다. 요한복음 1:14, "말씀이 육신이 되어 우리 가운데 거하시매." 영원하신 하나님의 아들 예수 그리스도께서는 사람의 영혼과 몸을 가진 참 사람으로 오셨다.

하나님의 아들께서는 또한 율법 아래 나셨다. 그는 나신 지 팔일 만에 할례를 받으셨다. 그것은 그가 언약 백성이시며 율법을 다 지킬 의무 아래 있으심을 나타낸다. 그는 과연 율법을 다 지키셨고 율법의 의(義)를 다 이루셨다. 그가 율법 아래 나신 목적은 율법 아래 있는 자들을 속량(贖良)하시기 위해서이었다. '율법 아래 있는 자들'이란 이 세상의 모든 사람들을 다 가리킨다고 보이며, '속량(贖良)한다'는 말은 값을 주고 사서 건져내어 자유하게 하신다는 뜻이다.

또 예수 그리스도께서는 우리로 아들의 명분을 얻게 하려 하셨다. '아들의 명분'이라는 원어(휘오데시아 υἱοθεσία)는 '양자 됨 즉 양자의 자격'을 뜻한다. 구약시대는 하나님의 백성이 율법 아래 있었다. 그러나 신약시대는 하나님의 백성이 더 이상 율법 아래 있지 않다. 그들은 장성하여 더 이상 후견인 아래 있지 않는 아들과 같다. 우리는 예수 그리스도를 믿음으로 하나님의 자녀가 되는 권세를 얻었다(요 1:12). 우리는 하나님의 양자(養子)가 되었고(롬 8:15-16) 하나님의 아들로서의 자유와 특권을 누릴 수 있게 되었다.

〔6절〕 너희가 아들인 고로 하나님이[께서] **그 아들의 영을 우리 마음 가운데 보내사 아바 아버지라 부르게 하셨느니라.**

우리가 하나님의 아들이 된 증거는 하나님께서 그 아들의 영을 우리에게 보내셨다는 사실이다. '그 아들의 영'은 예수 그리스도의 인성(人性)의 영이 아니고 그의 신성(神性)의 영을 가리킨다. 그것은 우리 속에 오신 성령님을 가리킨다. 성령께서는 하나님의 영이신 동시에 하나님의 아들의 영, 곧 예수 그리스도의 영이시다. 그는 하나님께서 보내신 영인 동시에 예수 그리스도께서 보내신 영이시다. 요한복음 15:26, "내가[예수께서] 아버지께로서 너희에게 보낼 보혜사." 성령께서 우리 속에 오신 증거는 우리가 하나님을 향해 '아바 아버지'라 부르게 된 사실이다. 로마서 8:15-16, "너희는 다시 무서워하는 종의 영을 받지 아니하였고 양자의 영을 받았으므로 아바 아버지라 부르짖느니라. 성령께서 친히 우리 영으로 더불어 우리가 하나님의 자녀인 것을 증거하시나니." 아바[압바]는 아람어로서 어린아이가 자기 아버지를 친근히 부르는 말이다. 우리는 영원 전부터 스스로 계신 여호와 하나님, 세상의 창조자, 섭리자 하나님을 '아버지'라고 부르게 되었다.

〔7절〕 그러므로 네가 이후로는 종이 아니요 아들이니 아들이면 하나님으로 말미암아 유업을 이을 자[그리스도로 말미암은 하나님의 상속자][10]**니라.**

신약 성도는 하나님의 자녀들이 되었고 하나님의 기업을 상속받을 자들이 되었다. 예수님 믿고 구원 얻은 자들은 아들의 자유와 권리, 특히 기업상속자의 권리를 가질 수 있게 되었다. 그 기업은 천국이며 그들은 거기에 들어가기 위해 영생할 몸으로 부활할 것이다.

〔8-9절〕 그러나 너희가 그때에는 하나님을 알지 못하여 본질상 하나님이 아닌 자들에게 종노릇하였더니 이제는 너희가 하나님을 알 뿐더러 하나님의 아신 바 되었거늘 어찌하여 다시 약하고 천한 초등학문[무가치한 초보적인 것들](NASB)**으로 돌아가서 다시 저희에게 종노릇하려 하느냐?**

사도 바울은 신약 성도가 다시 율법 아래 종노릇하는 것이 잘못임을 지적한다. 우리가 과거에는 하나님을 알지 못했고 본질상 하나님이 아닌 것들(이방종교의 종교의식이나 도덕적 규례들)에 종노릇하였었지만, 이제는 하나님을 알 뿐만 아니라 더욱이 하나님의 아신 바가 되었는데, 우리가 어떻게 무지하게 행동할 수 있겠는가? 우리가 어떻게 다시 약하고 천한 초등학문, 즉 율법으로 돌아가서 그것에게 종노릇할 수 있겠는가? 사람은 율법으로 하나님 앞에 의인이 될 수 없었다. 그러므로 우리가 율법에 대해 바로 안다면, 신약 성도가 율법

---

10) Byz it^{d} (syr^{p}) 등이 그러함.

주의로 돌아가는 것이 잘못이라는 것도 알 수 있을 것이다. 율법주의는 명백히 잘못이다. 신약 성도는 율법으로부터 자유함을 얻었다.

〔10-11절〕 너희가 날과 달과 절기와 해를 삼가 지키니 내가 너희를 위하여 수고한 것이 헛될까 두려워하노라.

날과 달과 절기와 해를 지키는 것은 율법주의의 예이다. 깨끗하고 부정한 음식이나 할례의 규례를 지키는 것도 그러하다. 우리가 구약의 의식법을 지키지 않는 것은 예수 그리스도께서 우리를 율법으로부터 건져내어 자유케 하셨기 때문이다. '내가 너희를 위하여 수고한 것'이란 하나님의 복음을 전파하여 그들로 믿어 구원 얻게 한 일을 말한다. 그 구원은 예수 그리스도의 구속(救贖)으로 말미암은 의(義)를 얻음이요 율법으로부터의 자유를 얻음이었다. 그런데 이제 그들이 율법주의로 돌아간다면 하나님의 복음의 바른 일이 헛되게 될 것이다. 그러므로 사도 바울은 갈라디아 교인들에게 복음 진리를 다시 상기시킴으로써 율법주의의 오류에 빠지지 않게 하기를 원하였다.

본문의 교훈을 정리해보자. 첫째로, 우리는 하나님의 자녀가 되었음을 확신해야 한다. 예수님을 구주와 주님으로 믿는 자는 하나님의 자녀가 되는 권세를 얻는다(요 1:12). 그 증거는 하나님의 아들의 영을 받아 하나님을 아버지라고 부르는 것이다. 우리는 이 사실을 확신해야 한다.

둘째로, 우리는 천국을 확신하고 소망해야 한다. 이것은 아브라함에게 주신 복이었다. 하나님의 자녀된 모든 자들은 천국을 기업으로 상속받는다. 우리는 영생하는 부활을 하며 천국에서 복된 삶을 누릴 것이다.

셋째로, 우리는 율법주의에 떨어지지 않도록 조심해야 한다. 우리는 하나님의 은혜와 구주 예수 그리스도의 십자가 대속 사역으로 죄사함과 의롭다 하심을 얻었고 영생을 얻었다. 주께서는 우리에게 참 자유와 평안과 기쁨과 힘을 주셨다. 그러므로 우리는 다시 율법의 멍에 아래로 돌아가서는 안 된다. 우리는 성령 안에서 거룩한 삶을 살아야 한다.

12-31절, 자유하는 여자의 자녀

〔12절〕 형제들아, 내가 너희와 같이 되었은즉 너희도 나와 같이 되기를 구하노라. 너희가 내게 해롭게 하지 아니하였느니라.

사도 바울은 자신이 엄격한 율법 준행의 삶을 버리고 율법에 대해 자유한 이방인처럼 되었듯이 갈라디아 교인들도 율법에 대해 자유하라고 말한다. 물론 이것은 도덕법을 지키지 말라는 뜻이 아니고, 율법의 제도와 속박으로부터 자유하라는 뜻이며, 도덕법을 지킬 때에도 기쁨과 자원함으로 지키는 것을 말한다. 갈라디아 교인들은 이전에 바울을 참으로 위하였지만, 그들이 거짓 교사들에게 미혹되어 복음 진리에서 이탈함으로써 지금 그에게 마음의 큰 고통을 주고 있다.

〔13-15절〕 내가 처음에 육체의 약함을 인하여 너희에게 복음을 전한 것을 너희가 아는 바라. 너희를 시험하는 것이 내 육체에 있으되 이것을[내 몸에 있는 나의 시험거리를][11] **너희가 업신여기지도 아니하며 버리지도 아니하고 오직 나를 하나님의 천사와 같이 또는 그리스도 예수와 같이 영접하였도다. 너희의 복이 지금 어디 있느냐? 내가 너희에게 증거하노니 너희가 할 수만 있었더면 너희의 눈이라도 빼어 나를 주었으리라.**

'내가 처음에 육체의 약함을 인하여 너희에게 복음을 전했다'는 말은 사도 바울이 어떤 몸의 질병 때문에 갈라디아 지방에 머물게 되어 그들에게 복음을 전하게 되었다는 뜻 같다. '내 몸에 있는 나의 시험거리'는 그의 몸의 질병을 가리켰을 것이다. 그런 일이 어떤 이들에게는 하나님께서 바울을 버리셨거나 그를 징벌하시는 표처럼 보일 수 있었을 것이다. 그러나 갈라디아 교인들은 바울을 업신여기지 않았고 멸시하지도 않았다. 오히려, 그들은 사도 바울을 하나님의 천사처럼, 그리스도 예수처럼 영접했다. 그들의 이런 행위는 그들이 하나님과 주 예수 그리스도를 진실히 믿은 증거이었다. 그러나 그들의 처음

---

11) Byz p^{46} C^{*vid} vg^{ms} $cop^{sa\ bo\text{-}ms}$ 등이 그러함.

의 태도가 변하고 있었다. 이전에 그들은 바울을 사랑하여 그를 위해 자신들의 눈까지도 빼어주려 하였지만 지금은 그렇지 않은 것 같다.

〔16-17절〕 그런즉 내가 너희에게 참된 말을 하므로 원수가 되었느냐? 저희가 너희를 대하여 열심 내는 것이 좋은 뜻이 아니요 오직 너희를 이간 붙여 너희로 저희를 대하여 열심 내게 하려 함이라.

바울과 갈라디아 교인들 간의 간격은 그가 그들에게 복음 진리를 가감 없이 전했다는 사실 때문에 생겼다. 그것은 그들이 거짓 교사들의 말에 미혹되어 복음 진리에서 이탈했기 때문에 생긴 현상이었다. 우리는 복음 진리 안에서 서로 사랑해야 한다. 교회의 일치와 연합은 성경의 바른 진리와 교훈 안에서 이루어져야 한다.

17절의 '저희'는 거짓 교사들, 즉 율법주의자들을 가리킨다. 그들은 갈라디아 교인들을 매우 사랑하는 것 같았으나, 실상 그들의 열심은 좋은 열심이 아니고 나쁜 열심이었다. 그것은 진리 중심의 열심이 아니고 사람 중심의 열심, 자기 중심의 열심이었다. 그들의 열심은 갈라디아 교인들을 바울과 분리시키고 그들을 자기들에게 속하게 하기 위한 열심에 불과했다. 그러나 하나님의 백성을 하나님의 종과 분리시키는 것은 분명히 하나님의 기뻐하시는 일이 아니었다.

〔18-20절〕 좋은 일에 대하여 열심으로 사모함을 받음은 내가 너희를 대하였을 때뿐 아니라 언제든지 좋으니라. 나의 자녀들아, 너희 속에 그리스도의 형상이 이루기[만들어지기]까지 다시 너희를 위하여 해산하는 수고를 하노니 내가 이제라도 너희와 함께 있어 내 음성을 변하려 함은 너희를 대하여 의심이 있음이라.

'나의 자녀들'이라는 원어(테크니아 무 τεκνία μου)는 문자적으로는 '나의 어린 자녀들'을 가리키지만, '나의 사랑하는 자녀들'이라는 의미를 담은 매우 친근감 있는 호칭이라고 한다. 본서에서 여러 번 갈라디아 교인들을 '형제들아'라고 불렀던(1:11; 3:15; 4:12, 28, 31; 5:11, 13; 6:1, 18) 바울은 오직 여기서 그들을 '나의 어린 자녀들'이라고 불렀다. 이것은 그의 진심의 사랑을 나타낸다고 보인다.

사도 바울은 지금, 예수 그리스도의 은혜의 복음에서 떠나 율법으로 돌아가려는 갈라디아 교인들을 다시 복음 진리 위에 세우기 위해 해산의 수고를 하고 있다. 사람에게 전도하고 그를 구원해 복음 진리 위에 바로 세우는 일은 자녀를 낳아 잘 기르는 일 못지 않게 수고로운 일이다. 사도 바울은 갈라디아 교인들 속에 예수 그리스도의 형상이 만들어지도록 수고한다고 말하고 있다. 신약 성도는 예수 그리스도를 믿음으로 의롭다 하심을 얻었고 영생을 얻었고 하나님의 자녀의 신분도 얻었다. 이제 그는 예수 그리스도의 영으로 충만하여 예수 그리스도의 형상과 모습을 드러내는 자로 자라가야 한다.

20절에 '음성을 변하려 한다'는 것은 사랑과 위로의 음성을 책망의 음성으로 변하려 한다는 뜻일 것이다. 그가 음성을 변하려는 까닭은 그들을 향해 의심이 있었기 때문이다. '의심이 있다'는 원어(아포레오 ἀπορέω)는 '당황하다'는 뜻도 있다. 바울은 하나님의 복음을 진실히 믿었던 갈라디아 교인들이 속히 변한 일 때문에, 또 하나님의 은혜가 헛된 것 같고 마귀의 활동이 강한 것 같은 상황 때문에, 그들을 향해 의심이 생겼고 당황케 되어 그의 음성을 변하려 하고 있는 것이다.

[21-23절] 내게 말하라. 율법 아래 있고자 하는 자들아, 율법을 듣지 못하였느냐? 기록된 바 아브라함이 두 아들이 있으니 하나는 계집종에게서, 하나는 자유하는 여자에게서 났다 하였으나 계집종에게서는 육체를 따라 났고 자유하는 여자에게서는 약속으로 말미암았느니라.

갈라디아 교인들의 문제는 은혜의 복음을 깨닫고 예수님을 믿은 후 다시 율법으로 돌아가려는 것이었다. 이것은 거짓 교사들의 잘못된 가르침 때문에 생긴 일이었다. 바울은 아브라함의 두 아들의 예를 들어 율법에 속한 자와 복음에 속한 자의 차이를 설명한다. 아브라함에게는 두 아들이 있었다. 하나는 그의 여종 하갈에게서 난 이스마엘이었고, 다른 하나는 그의 아내 사라에게서 난 이삭이었다. 한 사람은 종이었고 다른 한 사람은 자유인이었다. 그의 나이 75세 때 하나님께서는 그에게 그의 자손이 번창할 것을 약속하셨었다. 그러나 그 후 10년이 지날 때까지 그에게 자식이 없자 아브라함은 그의 아내 사라의 제안으로 그의 여종 하갈을 취해 아들을 낳게 되었는데, 그 아들이 이스마엘이었다. 그러나 하나님의 뜻은 다른 데 있었다. 이스마엘은 하나님의 뜻하신 아들이 아니었다. 하나님께서는 사라를 통하여 아브라함에게 아들을 낳게 하기를 원하셨다. 아브라함이 이스마엘을 얻은 후 15년이 지나 그의 나이 100세가 되었을 때, 하나님께서는 그의 약속하신 대로 아브라함에게 아들을 주셨다. 그 아들이 이삭이었다. 그러므로 이스마엘은 육체를 따라 난 아들이었고, 이삭은 하나님의 약속을 따라, 하나님의 은혜와 능력으로 얻은 아들이었다.

〔24-28절〕 이것은 비유니 이 여자들은 두 언약이라. 하나는 시내산으로부터 종을 낳은 자니 곧 하가[하갈]라. 이 하가[하갈]는 아라비아에 있는 시내산으로 지금 있는 예루살렘과 같은 데니 저가 그 자녀들로 더불어 종노릇하고, 오직 위에 있는 예루살렘은 자유자니 곧 우리 [모두의](전통사본)[12] **어머니라. 기록된 바 잉태치 못한 자여, 즐거워하라. 구로(劬勞)치 못한 자여, 소리 질러 외치라. 이는 홀로 사는 자의 자녀가 남편 있는 자의 자녀보다 많음이라 하였으니 형제들아, 너희는 이삭과 같이 약속의 자녀라.**

하갈과 사라는 두 언약과 같다. 하갈은 시내산으로부터 종을 낳은 자 곧 땅의 예루살렘을 가리키고 그것은 율법 아래 있는 구약교회에 해당한다. 그러나 사라는 '위에 있는 예루살렘' 곧 '우리 모두의 어머니'라고 표현된다. 그것은 하나님의 복음을 받은 신약교회를 가리킨다. 신약교회를 신자의 어머니라고 부르는 것은 복음을 통해 영혼들이 구원 얻고 또 구원 얻은 영혼들이 교회에서 양육받기 때문이다.

이스마엘과 이삭의 차이는 오늘날 유대교와 기독교의 차이이다. 유대교는 아브라함의 육신적 자녀들에 불과하고, 기독교는 하나님의

---

12) Byz A vg^{mss} arm Irenaeus^{lat} Origen$^{lat\ 6/10}$ 등에 있음.

약속을 따라 난 아브라함의 영적 자녀들이다. 그리스도인들은 하나님의 참 자녀들이요 복음의 자유를 가진 자유자들이다. 우리에게는 성령 안에서 받은 의(義)와 영원한 생명이 있고, 하나님의 자녀로서 누리는 자유가 있다. 구약교회는 아브라함의 육신적 자녀들이었다. 그러나 신약교회는 복음을 통해 구원 얻은 많은 자들, 곧 아브라함의 수많은 영적 자녀들, 약속의 자녀들을 가지고 있는 것이다. 주 예수 그리스도를 구주로 믿는 우리가 바로 그런 자들이다.

〔29-31절〕 그러나 그때에 육체를 따라 난 자가 성령[님]을 따라 난 자를 핍박한 것같이 이제도 그러하도다. 그러나 성경이 무엇을 말하느뇨? 계집종과 그 아들을 내어쫓으라. 계집종의 아들이 자유하는 여자의 아들로 더불어 유업을 얻지 못하리라 하였느니라. 그런즉 형제들아, 우리는 계집종의 자녀가 아니요 자유하는 여자의 자녀니라.

이스마엘과 이삭은 14살 가량의 차이가 났었다. 성경은 이스마엘이 어린 이삭을 희롱하였다고 기록한다(창 21:9). 자기 아들을 희롱하는 것을 본 사라는 아브라함에게 여종 하갈과 그가 낳은 아들 이스마엘을 내어쫓으라고 요구하였다(창 21:11).

이스마엘은 육체를 따라 난 자이었고 이삭은 약속을 따라 난 자이었다. 신약교회 안에서도 복음을 믿고 하나님의 자녀가 된 것이 아니고 단지 어떤 육신적 관계 때문에 몸만 교회 안에 있는 자들이 있다. 자기 자신은 믿음이 없으면서도 부모가 믿기 때문에 교회에 다니는 자녀가 있다. 구원을 얻었거나 구원 얻기 위해서가 아니고 다른 동기로 교회에 다니는 자도 있다. 중생치 못한 교인들은 때때로 교회를 어지럽히고 다른 성도들을 핍박하기도 한다. 갈라디아 교회 안에 있었던 율법주의 이단자들도 그런 유의 사람들이었다. 그들은 복음을 믿고 전파했던 바울과 성도들을 비난하고 핍박하고 있었다.

본문의 교훈을 정리해보자. <u>첫째로, 우리는 자유하는 여자의 자녀이</u>

다. 아브라함에게는 여종 하갈의 아들 이스마엘과, 아내 사라의 아들 이삭이 있었다. 하갈은 시내산에서 주신 율법을 상징하였고, 사라는 위에 있는 예루살렘 곧 자유자를 상징했다. 그들은 두 언약, 즉 구약과 신약을 대표했고, 율법과 복음을 상징했다. 우리는 자유하는 여자의 자녀들이다. 갈라디아 교회의 문제는 그들이 복음을 받은 후에 다시 율법으로 돌아가 율법을 지킴으로 의롭다 하심을 얻으려 하는 것이었다. 그것은 율법주의 사상을 전하는 거짓 교사들의 영향 때문이었다. 그러나 율법주의는 다른 복음이며 저주받을 이단사상이다. 우리는 예수 그리스도를 믿음으로 이미 의롭다 하심을 얻었다. 이것이 복음이다. 아무도 이 복음을 변질시켜서는 안 되고 이 복음을 변질시키려 해서도 안 된다. 우리의 의는 예수 그리스도밖에 없다. 거기에 참 자유가 있다.

둘째로, 우리는 예수 그리스도의 형상을 이루어야 한다. 그것이 성화(聖化)이다. 그것은 지식과 도덕성의 온전함을 목표로 한다. 에베소서 4:13, 15, "우리가 다 하나님의 아들을 믿는 것과 아는 일에 하나가 되어 온전한 사람을 이루어 그리스도의 장성한 분량이 충만한 데까지 이르리니," "오직 사랑 안에서 참된 것을 하여 범사에 그에게까지 자랄지라. 그는 머리니 곧 그리스도라." 골로새서 1:28, "우리가 그를 전파하여 각 사람을 권하고 모든 지혜로 각 사람을 가르침은 각 사람을 그리스도 안에서 완전한 자로 세우려 함이니." 우리는 온전한 자가 되어야 한다.

셋째로, 우리는 핍박을 각오해야 한다. 예수님을 믿지 않는 유대인들, 즉 유대교인들, 율법주의자들은 그리스도인들을 핍박하였다. 데살로니가전서 2:15-16, "유대인은 주 예수와 선지자들을 죽이고 우리를 쫓아내고 하나님을 기쁘시게 아니하고 모든 사람에게 대적이 되어 우리가 이방인에게 말하여 구원 얻게 함을 저희가 금하여 자기 죄를 항상 채우매 노하심이 끝까지 저희에게 임하였느니라." 중세시대 이후에는 복음을 믿는 자들이 천주교인들에게 많은 핍박을 받았다. 그러나 참된 성도들은 핍박을 각오하며 예수 그리스도를 믿고 따르며 충성해야 한다.

5장: 자유자의 삶--사랑

1-12절, 종의 멍에를 메지 말라

〔1절〕 [그러므로] **그리스도께서 우리로 자유케 하려고 자유를 주셨으니** (**그러므로**) [그 안에] **굳세게 서서 다시는 종의 멍에를 메지 말라.**

갈라디아서는 그리스도인들의 자유의 대선언이다. 그리스도인들의 자유는 율법으로부터의 자유, 곧 율법의 정죄와 속박으로부터의 자유이다. 이것은 로마서에서도 증거된 진리이다. 로마서 7:6, "이제는 우리가 얽매였던 것에 대하여 죽었으므로 율법에서 벗어났으니 이러므로 우리가 영[성령님]의 새로운 것으로 섬길 것이요 의문[율법 조문]의 묵은 것으로 아니할지니라." 주 예수께서도 "진리[하나님의 복음]를 알지니 진리가 너희를 [죄로부터] 자유케 하리라"고 말씀하셨다(요 8:32). 죄로부터의 자유는 예수 그리스도의 구원 사역의 핵심이다. 이것이 의(義)요 구원이요 생명이다. 이 의, 이 구원, 이 생명을 받은 자는 율법과 죄와 사망으로부터 자유함을 얻었다.

그러므로 사도 바울은 갈라디아 교인들에게와 오늘날 우리에게도 복음의 은혜와 자유 안에 굳게 서고 종의 멍에를 메지 말라고 교훈한다. 종의 멍에란 율법의 종으로 짊어졌던 멍에를 가리킨다. 구약시대 곧 율법 제도 아래 있는 자들은 율법의 정죄와 형벌, 율법의 공포라는 무거운 멍에 아래 있었다. 그러나 주 예수 그리스도께서 십자가의 대속(代贖) 사역으로 그 멍에를 제거하시고 우리에게 자유를 주셨다. 그러므로 예수 그리스도를 믿고 구원 얻은 우리는 이 자유 안에 굳게 서고 다시는 율법의 멍에 아래로 돌아가지 말아야 한다.

〔2-4절〕 **보라, 나 바울은 너희에게 말하노니 너희가 만일 할례를 받으면 그리스도께서 너희에게 아무 유익이 없으리라. 내가 할례를 받는 각 사람에게 다시 증거하노니 그는 율법 전체를 행할 의무를 가진 자라. 율법 안에서**

(엔 노모 ἐν νόμμῳ)[율법으로] **의롭다 하심을 얻으려 하는 너희는 그리스도에게서 끊어지고 은혜에서 떨어진 자로다.**

갈라디아 교회는, 할례를 받아야 할 것인가 아니면 예수 그리스도로 만족할 것인가의 두 갈래 길에 서 있었다. 그것은 다른 말로 하면 율법을 지킴으로 의롭다 하심을 얻으려 할 것인가, 아니면 믿음으로 의롭다 하심을 얻은 것인가라는 문제이었다. 사도 바울은 이 두 갈래 길에 서서 혼란스러워하는 갈라디아 교인들에게 할례를 받고 율법을 행함으로 의롭다 하심을 얻으려 하지 말고, 오직 복음의 은혜 안에 거하며 믿음 안에서 성령님을 따라 의와 선을 행하라고 교훈한다.

사람이 할례를 받는 것과 주 예수 그리스도를 믿는 것은 같이 있을 수 없다. 그것은 할례 자체가 나쁜 것이기 때문이 아니라, 할례가 옛 언약의 표이기 때문이다. 옛 언약은 율법을 통해 맺어졌었다. 율법의 요구 조건은 '하나님의 모든 법들을 행하라, 그리하면 네가 살리라'는 것이었다. 그것은 율법을 다 지키지 못하면 영원한 저주 아래 있음을 의미했다. 사람이 할례를 받는다는 것은 그가 율법 아래 속하여 율법을 다 지키겠다고 약속하는 것과 같았다. 그러므로 만일 우리가 예수 그리스도를 믿음으로 그의 대속으로 의롭다 하심을 얻지 않고 율법을 행함으로 의롭다 하심을 얻으려 한다면, 우리는 예수 그리스도와 상관없는 자가 되고 하나님의 은혜에서 떨어지는 자가 될 것이다.

〔5-6절〕 [이는] **우리가 성령**[님]**으로 믿음을 좇아 의의 소망을 기다리노니**[기다림이니 이는] **그리스도 예수 안에서는 할례나 무할례가 효력이 없되 사랑으로써 역사하는**[일하는] **믿음뿐이니라**[믿음뿐임이니라].

본문은 신약 성도들이 율법으로 의롭다 하심을 얻으려 해서는 안 되는 이유를 보인다. 그 이유는 우리가 성령님으로 믿음을 좇아 의의 소망을 기다리고 있기 때문이다. '성령님으로'라는 말은 '육체로'라는 말과 대조되고, 또 '믿음을 좇아'라는 말은 '행위를 따라'라는 말과 대조된다. '의의 소망'이라는 말은 마지막 심판 때에 의롭다고 인정받는 것을 의미할 것이다. 예수 그리스도께서는 십자가 위에서 죽으시고 삼일 만에 다시 사심으로 우리에게 의가 되셨다. 예수님을 믿는 자는 의롭다 하심을 얻었고 마지막 심판대 앞에서도 의인으로 인정되며 영생을 얻었고 천국에 들어갈 것이다. 그러므로 그리스도 예수 안에서는 할례도 무할례도 중요하지 않고 오직 사랑으로 일하는 믿음이 중요하다. 믿음은 마음의 순종이기 때문에 참된 믿음은 결코 행함이 없는 죽은 믿음이 아니고, 사랑의 행위로 나타나는 믿음이다.

〔7-9절〕 너희가 달음질을 잘하더니 누가 너희를 막아 진리를 순종치 않게 하더냐? 그 권면이 너희를 부르신 이에게서 난 것이 아니라. 적은 누룩이 온 덩이에 퍼지느니라.

갈라디아 교인들은 예수 그리스도의 은혜의 복음을 받은 후 신앙생활을 잘했었으나 거짓 선생들의 권면 때문에 복음 진리를 거역하는 자리에 떨어졌다. 그러나 그 권면은 잘못된 것이었다. 복음 진리와 반대되는 권면은 하나님께서 주신 권면이 아니다. 그러므로 우리는 사람의 권면을 성경말씀으로 분별해야 한다. 잘못된 권면은 '누룩'과 같다. 비록 그 오류가 작게 보일지라도 적은 누룩이 온 덩이에 퍼지듯이 잘못된 권면은 온 교회를 부패시키고 변질시킨다. 작은 오류가 교회 전체를 부패시키고 변질시키는 것이다. 그러므로 우리는 교회 안에 들어온 작은 오류를 작게 여기지 말고 신중히 대처해야 한다.

〔10절〕 나는 너희가 아무 다른 마음도 품지 아니할 줄을 주 안에서 확신하노라. 그러나 너희를 요동케 하는 자는 누구든지 심판을 받으리라.

비록 이단이 갈라디아 교회 안에 들어왔고 심각한 탈선이 일어났지만, 바울은 사랑하는 교인들이 복음 진리와 배치되는 다른 마음을 품지 아니할 줄 확신하였다. 예수께서는 "내 양은 내 음성을 들으며 나는 저희를 알며 저희는 나를 따르느니라"고 말씀하셨다(요 10:27). 갈라디아 교인들이 참으로 예수 그리스도의 양들이라면, 그들은 사도 바울이 다시 강조하는 바른 복음 진리의 교훈에 귀를 기울일 것이다.

그러나 그들을 요동케 한 자들은 하나님의 심판을 받을 것이다.

〔11-12절〕 형제들아, 내가 지금까지 할례를 전하면 어찌하여 지금까지 핍박을 받으리요? 그리하였으면 십자가의 거치는 것이 그쳤으리니 너희를 어지럽게 하는 자들이 스스로 베어버리기를 원하노라.

사도 바울은 할례를 전하지 않고 오직 바른 복음 진리를 전하는 것 때문에 핍박을 받았다. 만일 그가 할례를 전했더라면, 핍박을 받지 않았을 것이다. 그러나 그는 핍박 때문에 하나님의 진리를 변질시키거나 잘못된 사상과 타협지 않았다. 진리에 관한 한, 바울은 비타협적이었다. 이만큼 이 문제는 중요했다. 곡식과 가라지는 분명히 구별된다. 갈라디아 교회에 들어온 거짓 교사들은 참 교회에 속한 자들이 아니었다. 그들은 예수 그리스도의 교회에서 끊어져야 할 자들이었다.

본문의 교훈을 정리해보자. 첫째로, 우리는 예수 그리스도께서 주신 자유 안에 굳게 서야 한다(1절). 우리는 예수 그리스도를 믿음으로 의롭다 하심을 얻었고(2:16) 율법의 저주에서 구원을 얻었다(3:13). 이것이 우리가 누리는 자유이며 이것은 율법(율법 체계)으로부터의 자유, 율법의 정죄와 저주와 공포로부터의 자유이다. 예수님 믿고 의롭다 하심을 얻은 우리는 하나님께서 주신 이 자유의 은혜 안에 굳게 서야 한다.

둘째로, 우리는 율법으로 의롭다 하심을 얻으려 해서는 안 된다. 율법으로 의롭다 하심을 얻으려는 것이 율법주의이며 그런 사람은 예수 그리스도에게서 끊어지고 은혜에서 떨어진다. 그것은 다른 복음이다. 그것은 적은 누룩 같을지라도 하나님의 심판을 받을 큰 오류이다.

셋째로, 그리스도 예수 안에서는 사랑으로 일하는 믿음이 중요하다. 6절, "그리스도 예수 안에서는 할례나 무할례가 효력이 없되 사랑으로써 일하는 믿음뿐이니라." 우리가 주 예수님을 믿음으로 의롭다 하심을 얻게 된 그 믿음은 행함이 없는 죽은 믿음이 아니고 사랑으로 일하는 믿음이다. 행함이 없는 믿음은 그 자체가 죽은 것이다(약 2:17, 26).

13-18절, 성령님으로 행하라

〔13-14절〕 형제들아, 너희가 자유를 위하여 부르심을 입었으나 그러나 그 자유로 육체의 기회를 삼지 말고 오직 사랑으로 서로 종노릇하라. [이는] **온 율법은 네 이웃 사랑하기를 네 몸같이 하라 하신 한 말씀에 이루었나니** [이루었음이니].

그리스도인은 자유를 위해 부르심을 받았다. 복음 안에서의 자유는 예수 그리스도께서 십자가에 죽으심으로 우리의 의를 이루시고 우리를 율법의 저주로부터 자유케 하신 것을 말한다. 율법으로부터의 이 자유가 갈라디아서의 중심 주제이며 복음의 은혜이다.

그러나 그리스도인은 그 자유로 육체의 기회를 삼지 말아야 한다. 하나님께서 주신 자유는 죄를 지으라고 주신 자유가 아니다. 우리는 이 자유를 죄를 짓는 데 써서는 안 된다. 사도 바울은 로마서에서도, "너희는 죄로 너희 죽을 몸에 왕노릇하지 못하게 하여 몸의 사욕을 순종치 말고 또한 너희 지체를 불의의 도구로 죄에게 드리지 말고 오직 너희 자신을 죽은 자 가운데서 다시 산 자같이 하나님께 드리며 너희 지체를 의의 도구로 하나님께 드리라"고 교훈했다(롬 6:12-13).

사도 바울은 우리가 사랑으로 서로 종노릇해야 한다고 교훈한다. '서로 종노릇하라'는 말은 상대방이 나의 주인이요 나는 그의 종인 것처럼 서로 섬기라는 뜻이다. 우리가 사랑으로 서로 섬겨야 하는 것은 사랑이 율법의 완성이기 때문이다. 율법의 요구는 하나님을 사랑하고 이웃을 사랑하라는 것으로 요약된다(마 22:37-40). 사랑은 상대를 섬기는 행위로 나타난다. 주님의 비유에서, 선한 사마리아인은 강도 만나 죽게 된 사람을 도왔고 섬겼다(눅 10:33-35). 예수께서도 자신이 세상에 오신 목적은 섬김을 받으려 함이 아니고 도리어 섬기려 하고 자기의 목숨을 많은 사람의 대속물로 주려 함이라고 말씀하셨다(마 20:28). 사랑은 자기의 유익을 구하지 않는 것이며(고전 13:5), 친구를 위해 자기의 목숨까지도 버릴 수 있는 것이다(요 15:13).

〔15절〕 만일 서로 물고 먹으면 피차 멸망할까 조심하라.

'서로 물고 먹는다'는 것은 상대방을 헐뜯고 비난하는 것을 말한다. 남을 비난하는 것은 그를 사랑하지 않고 미워하는 데서 나온다. 미움은 마음의 살인과 같다. 상대를 미워하여 헐뜯고 비난하는 것은 상대를 죽이는 것과 같다. 서로 그렇게 하면 피차 멸망할 것밖에 없다. 그것은 가정에서도, 교회에서도, 국가에서도, 온 세계에서도 진리이다. 예수께서는 "스스로 분쟁하는 나라마다 황폐하여질 것이요 스스로 분쟁하는 동네나 집마다 서지 못하리라"고 말씀하셨다(마 12:25).

하나님의 은혜로 자유를 얻은 우리가 상대를 헐뜯고 비난한다면 그 자유를 바르게 사용하는 것이 아니고 그것을 죄의 기회로 삼는 것이다. 성도도 잠시 남을 미워할 수 있겠으나 곧 그런 마음을 버려야 한다. 남을 계속 헐뜯고 비난하는 자는 아마 구원 얻지 못한 자일 것이다. 사도 요한은, "하나님께로서 난 자마다 죄를 짓지 아니하나니 이는 하나님의 씨가 그의 속에 거함이요 저도 범죄치 못하는 것은 하나님께로서 났음이라. 이러므로 하나님의 자녀들과 마귀의 자녀들이 나타나나니 무릇 의를 행치 아니하는 자나 또는 그 형제를 사랑치 아니하는 자는 하나님께 속하지 아니하니라"고 말했다(요일 3:9-10).

〔16절〕 내가 이르노니 너희는 성령을 좇아(프뉴마티 πνεύματι)[성령님으로](by the Spirit)(NASB, NIV) **행하라. 그리하면 육체의 욕심을 이루지 아니하리라.**

구원 얻은 성도의 성화(聖化)는 성령님으로 행함으로, 즉 '성령의 도우심과 인도하심으로' 이루어진다. 성도의 성화(聖化)는 자기 자신의 노력만으로 되지 않는다. 물론 성도는 영적으로 죽은 자가 아니고 새 생명을 얻은 자가 되었으므로 스스로 노력할 수 있고 또 노력해야 하지만, 그것만으로는 부족하다. 성화(聖化)는 성도가 성령님으로 행함으로, 즉 성령님의 도우심과 인도하심으로 행할 때 이루어진다. 그러므로 성화(聖化)는 하나님의 은혜이다.

사도 바울은 로마서 8:13-14에서도 "너희가 육신대로 살면 반드시 죽을 것이로되 영[성령님]으로써 몸의 행실을 죽이면 살리니 무릇 하나님의 영으로 인도함을 받는 그들은 곧 하나님의 아들이라"고 말했다. 그리스도인은 성령의 인도하심을 받는 자이다. 하나님의 백성들이 성령의 도우심과 인도하심으로 의를 행하게 된다는 것은 이미 구약성경에 예언된 바이었다. 에스겔 36:24-28에서, 하나님께서는 "내가 너희를 열국 중에서 취하여 내고 열국 중에서 모아 데리고 고토(故土)에 들어가서 맑은 물로 너희에게 뿌려서 너희로 정결케 하되 곧 너희 모든 더러운 것에서와 모든 우상을 섬김에서 너희를 정결케 할 것이며, 또 새 영을 너희 속에 두고 새 마음을 너희에게 주되 너희 육신에서 굳은 마음을 제하고 부드러운 마음을 줄 것이며, 또 내 신[영][성령님]을 너희 속에 두어 너희로 내 율례를 행하게 하리니 너희가 내 규례를 지켜 행할지라. 내가 너희 열조에게 준 땅에 너희가 거하여 내 백성이 되고 나는 너희 하나님이 되리라"고 약속하셨다.

〔17절〕 [이는] **육체의 소욕은 성령**[님]**을 거스리고**[거스르고] **성령**[님]**의 소욕은 육체를 거스리나니**[거스르나니] **이 둘이 서로 대적함으로 너희의 원하는 것을 하지 못하게 하려 함이니라.**

구원 얻은 성도 속에는 육체의 욕구와 성령님의 소원의 싸움이 있다. 성도의 싸움은 단순히 육과 영 혹은 영혼의 싸움이 아니다. 성도의 싸움은 인간 본성의 타고난 죄악성과 성령님의 싸움이다. 본문에 '육체'라는 원어(사르크스 σάρξ)는 단지 '몸'(소마 σῶμα)을 가리키지 않고 '죄성을 가진 몸'을 가리킨다고 본다. 우리의 싸움은 우리 속에 남은 죄성과의 싸움이다. 성도의 마음 속에는 두 개의 대립되는 원리가 있다. 그것은 몸의 남은 죄성과 영혼의 새로워진 성향이라는 두 원리이다. 후자를, 사도 바울은 로마서 7장에서 '속사람,' '마음의 법,' '마음'(누스 νοῦς)[생각]이라고 표현했다(22, 23, 25절). 그러나 중생한 자는 새 마음, 새 성향만으로는 성화가 불가능하다. 그러므로 바울은 로마서 7:24에서 “오호라, 나는 곤고한 사람이로다. 이 사망의 몸에서 누가 나를 건져내랴!”고 탄식했던 것이다. 성도는 성령님을 좇아 행함으로 몸의 남은 죄성을 극복한다. 이것이 성화의 방법이다. 만일 성도가 성령님의 도우심과 인도하심을 받지 못한다면 실패할 수밖에 없다. 그러나 만일 그가 성령님의 도우심과 인도하심을 받는다면, 그는 몸의 죄성과 죄악된 욕구를 조금씩이나마 극복할 수 있다.

〔18절〕 너희가 만일 성령[님]의 인도하시는 바가 되면 율법 아래 있지 아니하리라.

구원 얻은 성도가 성령님의 인도하심을 받아 산다면, 그는 율법 아래 있지 않다. ‘너희가 성령님의 인도하시는 바가 되면’이라는 말씀은 구원 얻은 성도를 표현한다. 구원 얻은 자, 즉 중생한 자, 주 예수 그리스도를 믿는 자는 성령님을 받았고 그의 인도하심을 받는 자이다. 그러므로 로마서 8:14는 “무릇 하나님의 영으로 인도함을 받는 그들은 곧 하나님의 아들이라”고 말했다.

‘율법 아래 있지 않다’는 말씀은 율법 제도 아래 있지 않다는 뜻이다. 구약의 율법 제도 아래서는, 사람이 율법의 요구를 충족시켜야 했다. 율법의 요구는 한마디로 ‘행하라, 그리하면 살리라’는 것이었다. 구약 아래서 사람들은 율법의 요구를 만족시키지 못하여 죄의 무거운 짐을 지고 있었다. 율법은 우리가 죄인인 것을 깨닫게 해줄 뿐, 죄 문제에 대한 해결책이 되지 못하였다.

그러나 율법에 암시된 메시아께서 오셔서 친히 자기 몸을 십자가에 제물로 내어주심으로 율법의 의(義)를 이루셨다. 그것이 복음이다. 이제 성령께서 오셔서 죄인들로 하여금 이 복음을 믿고 구원 얻게 하신다. 그러므로 누구든지 성령님의 인도하신 바가 되면, 그는 이 의 안에 있고, 또 이 의 안에 있는 자마다 더 이상 율법 아래 있지 않는 것이다. 이 의가 갈라디아서가 강조하는 성도의 자유의 근거이다.

이것은 물론 죄를 맘대로 지어도 된다는 뜻의 자유가 아니다. 그러나 이 자유야말로 성도가 항상 평안하며 기뻐할 수 있는 삶의 보장이다. 그리스도인이 구원 얻은 후 때때로 실수하여 범죄해도 다시 진심으로 뉘우치며 씻음 받을 수 있는 것은 바로 이 의 때문이다. 성도는 주 예수 그리스도를 믿음으로 얻은 의 때문에 율법의 정죄와 두려움으로부터 자유함을 얻었다. 그가 이미 의롭다 하심을 얻었으므로, 그의 성화(聖化)의 싸움은 승리가 보장된 싸움과 같은 것이다.

본문의 교훈을 정리해보자. 우리는 두 가지 교훈을 기억해야 할 것이다. 첫째로, 우리는 하나님께서 우리에게 주신 자유를 죄 짓는 기회로 삼아서는 안 된다. 하나님께서 주신 자유는 결코 자유로이 죄를 지으라고, 죄를 지어도 된다고 주신 자유가 아니다. 하나님께서 주신 자유는 우리가 무거운 짐 진 마음과 두려움을 가지지 말고 기쁨과 감사함으로 의를 행하고 선을 행하며 서로 사랑하며 섬기라고 주신 자유인 것이다. 그러므로 우리는 믿는 성도들 간에 서로 헐뜯고 비난하는 자가 되어서는 안 된다. 그것은 죄와 멸망의 길이다. 우리는 하나님께서 주신 자유를 가지고 서로 사랑하며 섬기며 의와 선을 행하는 자가 되어야 한다.

둘째로, 우리는 성령님을 좇아 행함으로 몸의 죄성을 극복해야 한다. 구원 얻은 성도에게도 몸에 남은 죄성이 있다. 성도 속에 계시는 성령님의 생각과 몸의 남은 죄성은 서로 충돌한다. 이것이 중생한 성도가 경험하는 내면적 갈등이며 탄식이다. 성도는 성령님의 도우심으로 몸의 죄성을 극복하면서 성화(聖化)를 이룬다. 성도가 예수 그리스도를 믿음으로 의롭다 하심을 얻었고 성령님의 인도하심을 받는 자라면, 그는 더 이상 율법 아래 있지 않다. 비록 그가 때때로 실패할지라도, 그는 주 예수 그리스도의 의로 말미암아 율법의 정죄와 공포로부터 자유함을 얻었다. 그 자유는 성도의 평안과 기쁨과 힘의 원천이다. 그러므로 우리는 성령님을 좇아 의와 선을 행함으로 몸에 남은 죄성을 극복해야 한다.

19-26절, 육체의 일과 성령의 열매

〔19절〕 육체의 일은 현저하니 곧 [간음과][13] **음행과 더러운 것과 호색과.**

'육체의 일' 즉 죄악된 행위들은 분명하다. 첫 번째 부류는 음란이다. 간음, 음행, 더러운 것, 호색 등은 다 성적인 죄악들이다. 그것은 사람의 죄악들 중에 대표적인 죄악이다. 음란은 부부관계를 벗어난 모든 육체적 관계를 말한다. 성은 하나님께서 창조하신 아름다운 것이지만, 부부관계에서만 사용되도록 의도되었다. 그러나 사람들은 몸의 욕망이 이끄는 대로 악을 범하였고 그것이 음란의 죄악이다. 현대사회는 매춘과 불륜이 보편화되어 있는 매우 음란한 사회이며 TV나 인터넷 문명은 그것을 더 조장한다. 음란에 대한 최선의 대책은 결혼과 건전한 부부관계이다(고전 7:2-5). 또 독신자들은 시험에 떨어지지 않도록 몸의 욕망을 자극하는 환경을 피하는 것이 지혜이다.

〔20-21절〕 우상숭배와 술수[마술]**와.**

육체의 일의 두 번째 부류는 우상숭배이다. 우상숭배는 더 근원적 죄악이지만, 음란보다 더 드러나지는 않는 것 같다. '우상'은 하나님 아닌 것을 하나님처럼 가치 있게 여기거나 섬기는 것을 말한다. 불교나 유교의 종교적 전통에는 우상숭배적 요소들이 많다. 특히, 제사나 차례는 후손들이 조상에게 화를 받지 않고 복을 받고자 정성과 예법을 갖추는 행위이기 때문에 우상숭배적이다. 미신 혹은 샤머니즘도 우상숭배적이다. 전통 문화나 민속 문화 속에는 이런 요소들이 많다. 결혼과 취직과 승진을 앞두고 점이나 궁합 혹은 사주팔자를 보는 것이 그렇다. 천주교회의 마리아 숭배도 우상숭배이다. 오늘날 사람들이 돈과 육신의 쾌락을 최고 가치로 두는 것도 우상숭배이다.

원수를 맺는 것과 분쟁과 시기와 분냄과 당 짓는 것과 분리함과 이단과

---

13) Byz (Irenaeus^{lat} Cyprian) 등에 있음.

투기와 [살인과].14)

육체의 일의 세 번째 부류는 싸움이다. 원수를 맺는 것과 분쟁과 시기와 분냄과 당 짓는 것과 분리함과 이단과 투기와 살인 등의 악들은 다 이웃을 미워하는 데서 나오는 것들이다. 이것은 이웃으 사랑하라는 계명에 반대된다. 물론, 정당한 싸움, 선한 싸움, 진리의 싸움이 있다. 성경은 우리에게 선한 싸움을 싸우라고 말한다(딤전 1:18). 의와 진리를 위한 싸움은 우리가 치루어야 할 선한 싸움이다. 그러나 그런 싸움 말고 몸의 죄성에서 나오는 싸움이 있다. 남을 시기 질투하고 미워하기 때문에 혹은 자기 명예나 세상 권력이나 물질적 이익 때문에 하는 싸움이 있다. 우리는 성도들 간의 참된 거룩한 사랑의 교제를 나누어야 하지만, 파당을 만드는 일은 하지 말아야 한다.

술취함과 방탕함과 또 그와 같은 것들이라.

육체의 일의 네 번째 부류는 술취함이다. 술취함은 사람을 방탕에 빠뜨린다. 마약도 마찬가지다. 술취함이나 마약은 사람에게서 바른 정신을 빼앗아가고 사람을 비현실적 환각 상태에 빠뜨리고 사람이 책임 있는 인격자로 행동하지 못하게 한다. 술이 가져오는 폐해들은 매우 크다. 술은 몸에 해롭고 살인, 강간, 교통사고 등의 사회적 해악이 크며 경제적 낭비도 크다. 성경 시대에는 술이 어느 정도 허용되었지만, 옛 시대와 달리 오늘날에는 알코올 농도가 매우 높은 술들이 많이 생산되고 있기 때문에 술을 조금만 마셔도 취할 수 있는 가능성이 많아졌다. 그러므로 완전 금주는 성도들에게 좋은 전통이다.

전에 너희에게 경계한 것같이 경계하노니 이런 일을 하는 자들은 하나님의 나라를 유업으로 받지 못할 것이요.

천국에 못 들어가면 지옥밖에 갈 곳이 없다. 그러므로 이런 죄들을 지은 자들은 다 회개해야 하고 그래야 구원을 얻을 수 있다. 사람이

---

14) Byz A C it^{d} vg syr$^{(p)}$ cop^{bo} arm (Cyprian) 등에 있음.

이런 죄들을 회개치 않으면 지옥 형벌을 피할 수 없다. 또 구원 얻은 성도는 이런 일을 계속 행해서는 안 된다. 비록 일곱 번 넘어졌을지라도 또 다시 일어나 거룩의 열매를 맺어야만 한다. 우리의 구원은 죄로부터의 구원이다. 성도가 참으로 구원 얻은 자라면, 그는 하나님께서 미워하시는 이런 죄악된 일들을 다 버려야만 한다.

〔22-23절〕 오직 성령[님]**의 열매는 사랑과 희락**[기쁨]**과 화평**[평안]**과 오래 참음과 자비와 양선**[선함]**과 충성과 온유와 절제니 이 같은 것을 금지할 법이 없느니라**[이 같은 것을 율법이 거스르지 못하느니라].

'열매'라는 원어(카르포스 καρπὸς)는 단수명사이다. 이것은 성령님의 아홉 가지 열매는 한 열매의 여러 면임을 보인다. 그것은 분리된 것들이 아니고 성령님의 인도하심을 받는 성도의 바른 신앙생활에서 자연스럽게 맺어지는 한 열매의 여러 요소들이라고 생각된다.

성령님의 열매는 첫째로 '사랑'이다. 사랑은 최고의 덕이다. 천국은 서로 사랑하는 자들만 거하는 세계이다. 사랑은 하나님 사랑과 사람 사랑을 다 포함한다. 하나님께서 주신 계명의 요점은 마음을 다하고 성품을 다하고 힘을 다하여 하나님을 사랑하는 것이며 이웃을 우리의 몸과 같이 사랑하는 것이다. 그것은 가족 사랑, 교인들 간의 사랑, 이웃 사랑, 심지어 원수까지도 사랑하는 사랑으로 나타난다.

성령님의 열매는 둘째로 '기쁨'이다. 성도들이 들어갈 미래의 천국은 기쁨이 넘친 세계이다(롬 14:17). 범죄함으로 저주받은 세상은 슬픔과 근심 걱정이 많은 세상이지만, 구원 얻은 우리는 기뻐할 이유를 주 안에서 찾았고 주 안에 항상 기뻐하게 되었다. 항상 기뻐하는 삶은 하나님께서 우리에게 원하시는 삶이다(빌 4:4; 살전 5:16).

성령님의 열매는 셋째로 '평안'이다. 평안은 먼저 마음의 평안을 가리킨다. 예수께서는 수고하고 무거운 짐 진 인생들에게 편히 쉼을 주시려고 오셨다(마 11:28). 우리는 예수 그리스도 안에서 참 평안을 누린다. 평안은 또 다른 사람과의 화목함도 포함한다. 성령님을 따라 사는 성도는 남과 싸우지 않고 원수를 맺지 않는다. 성령께서는 우리 속에 참된 평안을 주시고 다른 사람과 화목하게도 하신다.

성령님의 열매는 넷째로 '오래 참음'이다. 하나님의 약속을 믿는 자는 오래 참고 기다릴 수 있다. 또 이웃을 사랑하는 자는 오래 참을 수 있다. 우리는 모든 일에 조급하지 말아야 하고 쉽게 분노하거나 낙망하지 말아야 한다. 모든 일은 하나님께서 정하신 때가 있다. 우리는 그때를 참고 기다려야 한다. 그 동안 하나님께서 우리에게 어려운 일들을 주시는 것은 우리로 온전한 인격이 되게 하시기 위함이다.

성령님의 열매는 다섯째로 '자비'이다. '자비'라는 원어(크레스토테스 χρηστότης)는 '친절함'이라는 뜻이다(BDAG). 하나님께서 우리를 향해 친절하시고 자비로우시듯이(롬 2:4; 11:22; 엡 2:7), 우리도 다른 사람들을 향해 친절하고 자비로운 마음을 가져야 한다.

성령님의 열매는 여섯째로 '선함'이다. 선함은 선한 마음이다. 그것은 남에게 영육간에 해를 주지 않고 유익을 주는 마음이다. 우리는 남에게 유익을 주고 교회에 덕을 세우는 언행을 해야 한다.

성령님의 열매는 일곱째로 '충성'이다. '충성'이라는 원어(피스티스 πίστις)는 '믿음'이라는 단어이다. 충성은 믿음이 충만하여 믿을 만한 상태를 가리킨다. 사람에게 있어서 '신임성'은 매우 중요한 덕이다. 아무리 많이 배우고 재능이 뛰어나도 믿을 만하지 못한 사람은 무슨 일에 쓰임 받기 어렵다. 맡은 자에게 필요한 것은 충성이며(고전 4:2) 우리는 하나님 앞에 죽도록 충성해야 한다(계 2:10).

성령님의 열매는 여덟째로 '온유'이다. '온유'라는 원어(프라오테스 πραΰτης)(Byz)는 '온유, 겸손' 등의 뜻이다. 교만은 하나님께서 미워하시는 첫 번째 악이다(잠 6:17). 우리는 모든 교만을 버리고 예수님의 품성(마 11:29)인 온유와 겸손의 덕을 가져야 한다.

성령님의 열매는 아홉째로 '절제'이다. 절제는 우리의 삶의 여러 면에 관계된다. 이것은 일차적으로 술이나 오락에 적용되지만, 그것은 우리의 감정이나 시간과 물질 사용 등에도 적용된다. 하나님께서 주신 정당한 욕구나 즐거움은 죄가 아니지만, 그것을 과도하게 추구하거나 거기에 빠지는 것은 나쁘다. 잠언 16:32는 노하기를 더디하고 자기의 마음을 다스리는 자가 성을 빼앗는 용사보다 낫다고 말했다.

율법은 성령의 열매를 거스르지 못한다. 성령님의 열매는 율법에 반대되지 않고 오히려 율법에 일치한다. 성령님의 열매는 실상 율법의 성취이다. 우리는 성령님으로 행함으로 율법의 요구를 이룬다. 그러므로 로마서 8:4는, "육신을 좇지 않고 그 영[성령님]을 좇아 행하는 우리에게 율법의 요구를 이루어지게 하려 하심이니라"고 말했다.

〔24절〕 그리스도 예수의 사람들은 육체와 함께 그 정과 욕심을 십자가에 못박았느니라.

'그리스도 예수의 사람들'이란 구원 얻은 성도들 곧 그리스도인들을 가리킨다. 그들은 예수 그리스도의 피로 구속(救贖)받은 자들이며 그에게 속하고 그와 연합된 자들이다. 그들은 육체와 함께 그 정과 욕심을 십자가에 못박았다. 여기에 '육체'라는 말은 죄성을 가진 몸을 가리킨다. '정과 욕심'은 죄악된 감정과 욕구를 말한다. 우리는 언제 우리의 '정과 욕심' 즉 우리의 죄악된 감정과 욕구를 십자가에 못박았는가? 그것은 예수 그리스도께서 우리를 대신해 십자가에 달려 돌아가셨을 때 그렇게 되었다. 우리는 그와 함께 십자가에 못박혔다. 우리는 회개하고 예수 그리스도를 믿었을 때 그 사실을 알게 되었다.

〔25절〕 만일 우리가 성령[님]으로 살면 또한 성령[님]으로 행할지니(스토이코멘 στοιχῶμεν)[행하자](KJV, NASB).

'성령님으로 산다'는 말은 성령님으로 거듭나 새 생명으로 산다는 뜻이고, '성령님으로 행한다'는 말은 성령님의 감동과 인도하심으로 산다는 뜻이다. 그것은 성령님의 감동으로 기록된 신구약 성경말씀대로 사는 것을 포함한다. 우리가 성령님으로 새 생명을 얻었을진대,

우리는 성령님으로, 신구약 성경말씀대로 행해야 한다.

[26절] 헛된 영광을 구하여 서로 격동하고 서로 투기하지 말지니라.

헛된 영광은 세상 영광이다. 그것은 세상의 부귀, 권세, 명예 등을 가리킨다. 그것들은 영원하지 못하고 단지 얼마 동안만 누리는 헛된 것들이다. 사람들은 이런 헛된 것들을 탐하여 남을 미워하고 싸우고 죽이고 죽고 또 속이고 속는다. 그러나 우리는 이 세상이나 세상에 있는 것들을 사랑치 말아야 한다(요일 2:15-17). 그것들은 다 헛된 것들이다. 우리는 오직 하나님의 뜻을 행하는 자들이 되어야 한다.

본문의 교훈을 두 가지만 정리해보자. 첫째로, 우리는 육체의 일들을 회개하고 버리고 멀리해야 한다. 본문에 열거된 열일곱 가지(전통본문에 있는 두 가지를 포함하여)의 육체의 일들 즉 죄악들을 행하는 사람들, 그것들을 회개치 않고 거기에 머무는 사람들은 결코 천국에 들어갈 수 없고 지옥에 던지울 수밖에 없다. 본문에 열거된 그 열일곱 가지는 음란과 우상숭배와 원수 맺음과 술취함 등 네 부류이며, 음란에 관계된 것이 네 가지, 우상숭배에 관계된 것이 두 가지, 서로 다툼에 관계된 것이 아홉 가지, 술취함에 관계된 것이 두 가지 등이다. 우리는 이런 죄악된 일들을 철저히 회개하고 다 청산하고 항상 멀리해야 한다.

둘째로, 우리는 성령님의 열매를 맺는 자들이 되어야 한다. 구원 얻은 성도들 속에는 성령께서 오셔서 영원히 거하시고 그들을 감동하시고 지도하셔서 바른 길을 가게 하신다. 성령님의 열매는 사랑과 기쁨과 평안, 오래 참음과 친절과 선함. 믿음과 충성과 온유와 절제이다. 사람의 가치는 세상 지식이나 돈의 많음이나 사회적 신분에 있지 않고 경건과 도덕성에 있다. 성도의 가치는 그의 믿음과 성화의 정도, 특히 성령님의 열매를 맺는 인격과 삶에 있다. 우리는 헛된 세상의 영광을 구하는 자가 되지 말고 성령님의 감동과 인도하심 속에 성경말씀을 다 믿고 성경 교훈을 행하여 성령님의 열매를 맺는 성도가 되어야 한다.

6장: 자유자의 삶--선행

1-10절, 선을 행하라

〔1절〕 형제들아, 사람이 만일 무슨 범죄한 일이 드러나거든 신령한 너희는 온유한 심령으로 그러한 자를 바로 잡고 네 자신을 돌아보아 너도 시험을 받을까 두려워하라[너도 시험을 받지 않도록 하라].

본문은 '신령한 자,' 곧 구원 얻고 성령을 받고 성령의 인도하심을 받는 성도가 범죄한 자에 대해 어떻게 해야 할지에 관해 교훈한다. 성도는 범죄자를 무관심하게 내버려두지 말고 온유한 심령으로 바로 잡으라고 교훈한다. 바로 잡으라는 말씀은 권면하고 책망하여 바로 잡으라는 뜻이다. 사도 바울은 다른 서신에서 "규모 없는 자들[무질서한 자들]을 권계하라"고 말했고(살전 5:14), 히브리서 3:13은 "오늘이라 일컫는 동안에 매일 피차 권면하여 너희 중에 누구든지 죄의 유혹으로 강퍅케 됨을 면하라"고 말했다. 그러나 본문은 성도가 범죄자를 권면하고 책망하고 바로 잡되 교만하거나 거친 마음으로가 아니고 온유한 심령으로 해야 한다고 교훈했다. 사도 바울은 디모데후서 2:25에서도 "거역하는 자를 온유함으로 징계할지니 혹 하나님께서 저희에게 회개함을 주사 진리를 알게 하실까 하며"라고 말했다.

본문은 또 성도가 자신도 시험을 받지 않도록 자신을 돌아보라고 교훈한다. 성도 각자가 범죄치 않는 것이 중요하다. 성도 각자의 성화(聖化)가 중요하다. 구원은 죄로부터의 구원이므로, 구원 얻은 성도에게 당연히 요구되는 것은 죄를 짓지 않는 거룩한 삶이다. 성도에게 성화가 중요한 까닭은 그가 그것으로 하나님께 영광을 돌려야 하며(마 5:16) 하나님을 증거해야 하며(벧전 2:9) 또 다른 사람을 하나님께로 인도해야 하기 때문이다(벧전 3:1). 또 성도가 범죄하면 하나님과의 교제가 끊어지고 설교가 귀에 들어오지 않고 기도 문이 막히고 마음의 기쁨과 평안과 힘을 잃어버린다. 하나님의 뜻은 우리의 거룩함이다(살전 4:3). 성도의 삶의 한 목표는 죄를 짓지 않는 것이다.

〔2절〕 **너희가 짐을 서로 지라. 그리하여 그리스도의 법을 성취하라.**

"너희가 짐들을 서로 지라"는 것은 남의 드러난 죄들을 이해하고 동정하고 용서하라는 뜻이라고 본다. 바울은 우리가 이렇게 함으로써 그리스도의 법을 성취하라고 말한다. 그리스도의 법은 서로 사랑하라는 새 계명을 가리킨다. 요한복음 13장에 보면, 주께서는 마지막 유월절 저녁 식사 후 제자들의 발을 씻어주셨고 그런 다음 '서로 사랑하라'는 새 계명을 주셨다. 그가 제자들의 발을 씻어주신 것은 죄의 용서를 상징했다. 성도가 서로 사랑하는 데 장애물이 있다면, 그것은 상대방의 결점에 대한 생각이다. 그러므로 서로 사랑하려면 상대방의 결점에 대한 용서가 선행되어야 한다. 성도가 짐을 서로 지듯이 상대방의 부족을 용서할 때 서로 사랑할 수 있을 것이다.

〔3절〕 [이는] **만일 누가 아무것도 되지 못하고 된 줄로 생각하면 스스로 속임이니라**[속임임이니라].

우리가 짐을 서로 져야 할 이유는 무엇인가? 그것은 우리가 남의 드러난 실수와 범죄를 이해하거나 동정하거나 용서하지 못할 정도로 대단하고 고상한 존재가 아니기 때문이다. 우리는 다 비슷하게 부족한 사람이며, 어느 날 우리 자신도 다른 이의 죄와 비슷한 죄를 범할지도 모르는 자이다. 그러므로 우리는 우리 자신이 대단한 존재인 것처럼 자신을 속이거나 허세를 부리지 말아야 한다.

〔4-5절〕 **각각 자기의 일을 살피라. 그리하면 자랑할 것이 자기에게만 있고 남에게는 있지 아니하리니** [이는] **각각 자기의 짐을 질 것임이니라.**

우리는 우리 자신을 크게 여기지 말고 각자 자기 일을 살펴야 한다. 만일 우리에게 어떤 자랑거리가 있으면 그것은 우리 자신 안에서만 있고 남과의 관계에서는 없을 것이다. 왜냐하면 우리는 우리 자신의 부족을 알기 때문이다. 각 사람은 자신의 약점을 안다.

〔6절〕 가르침을 받는 자는 말씀을 가르치는 자와 모든 좋은 것을 함께 하라.

'모든 좋은 것'은 현세적인 좋은 것들을 가리킨다. 말씀의 봉사자들의 사역은 귀하고 중요하다. 그것은 하나님의 아들 예수께서 오셔서 행하셨고 지금도 이루시는 일이다. 우리가 영적인 것의 가치를 안다면, 육적인 것을 함께 나누기를 아까워하지 않을 것이다. 구약의 십일조 제도는 성전 봉사자들에게 물질적 필요를 공급해주었다. 이스라엘 열두 지파의 소득의 10분의 1인 십일조는 하나님께 드려져 레위 지파 사람들의 생활비가 되었다. 한편, 제사장들의 수는 레위인들의 수의 10분의 1에 미치지 못했을 것이지만, 그들은 레위 지파가 받은 십일조의 십일조를 받았다. 또 그들은 십일조 외에도 백성들의 제물들의 일부분을 그들의 몫으로 받았다(민 18:12, 29). 이와 같이, 구약 시대의 십일조 제도는 레위 지파 사람들과 제사장들 곧 성전 봉사의 일들에 관계하는 사람들에게 물질적 필요를 공급해주었다.

이것은 오늘날 교회 운영의 한 원리를 보인다. 물론, 신약시대에는 제사장이나 레위 지파가 없지만, 복음 사역과 교회 일들에 전적으로 일하는 자들이 있다. 그러므로 신약교회가 구약의 십일조 정신으로 교역자들과 교회 직원들에게 물질적으로 공급한다면, 목사들은 성경 연구, 독서, 설교 준비, 전도, 심방 등 하나님의 일들에 전념할 수 있을 것이고, 목사 후보생들은 충실한 신학 교육과 목회 훈련을 받을 수 있을 것이고, 교회 직원들은 교회 일들에 전념할 수 있을 것이다. 물론, 물질적 공급이 교회 봉사자들을 해이하고 불신실하게 할 수도 있다. 그러나 그것은 하나님께서 직접 처리하실 문제일 것이다. 성도들 편에서는 구약의 십일조 제도에서 보여주신 정신으로 교회 봉사자들에게 물질적 필요를 넉넉히 공급하는 것이 옳다고 본다.

〔7-8절〕 스스로 속이지 말라[속지 말라]. **하나님은**[께서는] **만홀히 여김** [업신여김]**을 받지 아니하시나니** [이는] **사람이 무엇으로 심든지 그대로 거두리라**[거둘 것임이니라]. [이는] **자기의 육체를 위하여 심는 자는 육체로부터 썩어진 것**[썩는 것]**을 거두고 성령**[님]**을 위하여 심는 자는 성령**[님]**으로부터 영생을 거두리라**[거둘 것임이니라].

'속지 말라'는 말은 마귀에게나 사람의 어리석은 생각에 속지 말라는 뜻이다. 또 하나님께서는 업신여김을 받지 않으신다. 말씀을 가르치는 자들을 대접하는 것은 그들을 보내시고 세우신 하나님을 대접하는 일이다. 하나님께서는 가장 좋은 것을 받으실 만한 분이시다.

바울은 하나님께서 업신여김을 받지 않으신다는 사실의 이유로서 사람이 무엇으로 심든지 그대로 거둘 것이기 때문이라고 말하였다. 심은 것을 거두는 것은 자연 세계나 영적 세계에 공통적으로 적용되는 진리이다. 사무엘상 2:30에 보면, 하나님께서는 사사 엘리에게 "나를 존중히 여기는 자를 내가 존중히 여기고 나를 멸시하는 자를 내가 경멸히 여기리라"고 말씀하셨다. 우리가 하나님을 가장 귀하게 생각하면 하나님께서도 우리를 귀하게 여기실 것이다. 주께서는 "무엇이든지 남에게 대접을 받고자 하는 대로 너희도 남을 대접하라"고 말씀하셨다(마 7:12). 우리가 하나님께 복을 받기 원한다면, 우리는 가장 좋은 것으로 하나님을 대접해야 할 것이다.

'자기 육체를 위해 심는 것'(8절)은 육신의 죄성에 이끌려 행하는 행위들을 말한다. 그런 행위들의 결과는 썩는 것들이다. 그러나 '성령님을 위해 심는 것' 곧 성령님에 이끌려 성령님의 열매를 맺는 행위들은 영생에 이른다. 이것은 사람이 선한 일들을 행함으로 영생을 얻는다는 뜻이 아니다. 영생은 오직 하나님의 은혜로 얻는다. 그러나 하나님의 은혜로 영생을 얻는 자는 육체의 죄성을 따라 살지 않고 성령님의 인도하심을 따라 선한 일을 행한다. 그러므로 성경 읽고 기도하는 것, 예배드리고 헌금하는 것, 또 전도하고 선을 행하는 것 등은 결코 헛된 일이 아니다. 그런 일들은 다 영생 얻는 자들의 표요 장차 영생에 들어갈 자들이 마땅히 힘써야 할 일들이다. 또 우리는 우리 자신이 하나님의 일들을 위하여 최선을 다해야 하고 또 하나님의 일들에 전념하는 교회 봉사자들을 귀히 여겨야 한다.

〔9절〕 우리가 선을 행하되 낙심하지 말지니 피곤하지 아니하면 때가 이르매 거두리라.

선을 행하는 것은 구원의 열매, 참된 믿음의 열매이다. 그것은 성도의 삶의 목표이다. 디도서 2:14는, 하나님께서 우리를 죄에서 구원하신 목적이 "선한 일에 열심하는 친 백성이 되게 하려 하심"이라고 말했다. 그런데 우리는 선을 행하다가 낙심하기 쉽다. 남이 우리를 몰라주고 오히려 우리를 비난할 때, 또는 좋은 결과가 금방 나타나지 않을 때, 낙심하기 쉽다. 그러나 우리는 낙심하지 말아야 한다. 우리가 낙심치 말아야 할 이유는 우리가 피곤치 아니하면 때가 이를 때 거둘 것이기 때문이다. 하나님의 정하신 때가 되면, 우리는 좋은 결과를 볼 것이며, 최종적으로도 예수 그리스도께서 다시 오실 때 하나님 앞에서 잘했다 칭찬을 들을 것이기 때문이다. 사실상, 우리의 소망은 이 세상에 있지 않고, 오는 세상 곧 새 하늘과 새 땅에 있다.

〔10절〕 그러므로 우리는 기회 있는 대로 모든 이에게 착한 일을 하되 더욱(말리스타 μάλιστα)[특히](KJV, NASB) **믿음의 가정들에게 할지니라.**

선행의 대상에는 구별이 없다. 우리는 기회 있는 대로 모든 이들에게 선한 일을 해야 한다. 물론, 믿지 않는 자들에게는 구원의 복음을 전하면서 해야 할 것이다. 그러나 우리는 특히 믿는 교우들과 가정들에게 선한 일들을 해야 한다. 초대 예루살렘 교회는 이 점에 있어서 좋은 모범이 되었다. 사도행전 2:44-45는 증거하기를, "믿는 사람이 다 함께 있어 모든 물건을 서로 통용하고 또 재산과 소유를 팔아 각 사람의 필요를 따라 나눠주고"라고 했다. 또 사도행전 4:32는, "믿는 무리가 한 마음과 한 뜻이 되어 모든 물건을 서로 통용하고 제 재물을 조금이라도 제 것이라 하는 이가 하나도 없더라"고 증거했다.

본문의 교훈을 정리해보자. 첫째로, 우리는 범죄한 자를 온유한 심령으로 바로 잡아야 한다. 우리는 다 부족하며 때때로 우리 자신도 범죄한다. 그러므로 우리는 교만한 마음이나 거친 마음을 가지지 말고 온유한 마음으로 범죄한 자에게 권면하고 책망하고 바로 잡아야 한다.

둘째로, 우리는 우리 자신이 시험에 떨어지지 않도록 자신을 살피며 조심해야 한다. 구원 얻은 성도는 죄를 짓지 않는 것이 중요하다. 우리가 죄를 안 지으려면 우리는 죄의 영향을 받지 않고 시험에 떨어지지 않도록 조심해야 한다. 사람이 죄를 안 지으려면 조심하는 수밖에 없다.

셋째로, 우리는 다른 이의 결점에 대해 이해하고 그를 동정하고 용서하는 마음을 가져야 한다. 자신의 부족과 연약을 아는 자는 그렇게 할 수 있을 것이다. 그것이 참된 사랑과 용서의 심정이다. 우리는 상대방의 허물을 용서함으로써, 서로 사랑하라는 새 계명을 실천할 수 있다.

넷째로, 가르침을 받는 자는 말씀을 가르치는 자와 모든 좋은 것을 함께 나누어야 한다. 우리가 하나님께 최상의 것을 드리며 그를 섬겨야 하듯이, 우리는 설교자들과 교회 봉사자들을 귀히 여겨야 한다.

다섯째로, 우리는 육신의 죄성을 따라 살지 말고 성령님의 인도하심을 따라 살아야 한다. 그것이 성도가 점점 거룩해지는 길이다. 몸의 죄성을 따라 사는 것은 죄를 짓는 일이요 성령님을 따라 사는 것은 의와 선을 행하는 것이다. 이것은 영생에 이르는 성도들의 마땅한 삶이다.

여섯째로, 우리는 기회 있는 대로 모든 사람에게 선을 행해야 한다. 선을 행하는 삶은 하나님께서 우리를 구원하신 중요한 목적이다. 구원 얻은 성도는 이 세상 사는 동안 모든 사람에게 선을 행해야 한다.

일곱째로, 우리는 선을 행하다가 낙심치 말아야 한다. 남이 알아주지 않거나 도리어 오해를 당할 때 또 좋은 결과가 금방 나타나지 않을 때 낙심하기 쉬우나, 우리는 때가 되면 하나님께서 이루실 줄 믿어야 한다. 믿음으로 살며 선을 행하는 일은 반드시 좋은 결과를 가져올 것이다.

11-18절, 할례인가, 십자가인가?

〔11절〕 내 손으로 너희에게 이렇게 큰 글자로 쓴 것을 보라.

바울은 빌레몬서처럼(몬 19) 갈라디아서를 직접 쓴 것 같다. 로마서는 더디오가 대서(代書)하였다(롬 16:22). 바울이 본서를 친히 쓸 때 큰 글자로 쓴 것은 아마 그의 눈이 나빠서이었을지도 모르겠다.

〔12절〕 무릇 육체의 모양을 내려 하는 자들이 억지로 너희로 할례 받게 함은 저희가 그리스도의 십자가를 인하여 핍박을 면하려 함뿐이라.

갈라디아 교회 안에 있는 어떤 이들은 율법을 행함으로 구원 얻는다는 율법주의에 미혹되었고 할례 받은 자라는 모양을 나타내려고 했다. 그들은 예수 그리스도를 믿는 성도들을 억지로 할례 받게 하고 있었다. 그것은 하나님의 진리에 대한 그들의 어떤 확신 때문에가 아니고, 그들이 단지 예수 그리스도의 십자가로 인한 핍박을 면하려 함뿐이었다. 그들은 핍박을 피하려고 하나님의 복음, 곧 예수 그리스도의 십자가 속죄의 진리를 저버렸던 것이다.

〔13절〕 할례 받은 저희라도 스스로 율법은 지키지 아니하고 너희로 할례 받게 하려 하는 것은 너희의 육체로 자랑하려 함이니라.

할례는 하나님의 언약의 표이므로 할례를 받는다는 것은 그 언약의 내용인 율법을 지키겠다는 서약과 같았다. 그러나 할례를 이미 받았고 또 신자들에게 할례를 받아야 한다고 강요하는 그들도 실상은 율법을 다 지키지 못하고 있었다. 그들이 갈라디아 교인들에게 할례를 받게 하려는 것은 단지 그들의 몸으로 자랑하려는 것뿐이었다.

〔14절〕 그러나 내게는 우리 주 예수 그리스도의 십자가 외에 결코 자랑할 것이 없으니 그리스도로 말미암아 세상이 나를 대하여 십자가에 못박히고 내가 또한 세상을 대하여 그러하니라.

사도 바울에게는 할례가 아무 의미가 없었다. 그에게는 할례 받은 몸이 아무 자랑거리가 되지 않았다. 사실상, 그의 자랑거리는 오직 한

가지 예수 그리스도의 십자가뿐이었다. 그가 복음을 깨닫지 못했을 때에는 이 세상의 것들이 그에게 크게 생각되었고 자랑할 만한 것들이었지만, 지금은 그렇지 않았다. 그에게는 오직 주 예수 그리스도의 십자가밖에 자랑할 것이 없었고 또 앞으로도 그러할 것이다. 그는 빌립보서 3:7-9에서도 잘 증거하기를, "그러나 무엇이든지 내게 유익하던 것을 내가 그리스도를 위하여 다 해(害)로 여길 뿐더러 또한 모든 것을 해로 여김은 내 주 그리스도 예수를 아는 지식이 가장 고상함을 인함이라. 내가 그를 위하여 모든 것을 잃어버리고 배설물로 여김은 그리스도를 얻고 그 안에서 발견되려 함이니"라고 하였다.

'주 예수 그리스도의 십자가'가 왜 그에게 유일한 자랑거리이었나? 그것은 대속의 십자가이었기 때문이다. 대속(代贖)은 하나님의 아들 예수 그리스도께서 우리의 죗값과 죄의 형벌을 대신 담당해 주신 일이었다. 예수 그리스도의 대속이 없었다면 우리는 지옥 형벌을 받아야 했었다. 우리의 모든 죄를 예수 그리스도께서 십자가 위에서 담당하셨으므로 과거에 죄악되었던 우리는 그와 함께 십자가에 죽은 것과 같았고 우리는 이제 새로운 피조물로 살아났다. 그러므로 그리스도 외에 아무것도 우리에게 자랑거리가 되지 않는 것이다.

〔**15절**〕 [이는] [그리스도 예수 안에서](전통본문)[15] **할례나 무할례가 아무것도 아니로되**[아무 유익이 없으되](전통본문)[16] **오직 새로 지으심을 받은 자뿐이니라**[자뿐임이니라].

십자가 외에 자랑할 것이 없는 이유는 또한 할례나 무할례가 아무 유익이 없기 때문이었다. 할례는 율법 준수의 의무를 보이며 율법은 죄를 깨닫게 해줄 뿐이지 사람은 율법으로 의롭다 하심을 얻지 못한다. 그렇다고 무할례가 유익하다는 말도 아니다. 이방인들의 할례 없

15) Byz ℵ A C it^{d} vg cop$^{sa\text{-}mss\ bo}$ arm^{mss} 등에 있음.
16) Byz lat 등에 있음.

음은 그들이 본래 하나님의 언약 밖에 있었으며 소망 없는 자이었고 하나님도 없고 영원한 생명도 없는 자이었음을 의미할 뿐이다.

그러므로 그리스도 예수 안에는 할례나 무할례가 아무것도 아니요 새로 지으심을 받은 자뿐이다. 새로 지으심을 받았다는 것은 그리스도 안에서 구원 얻은 새 사람을 가리킨다. 고린도후서 5:17, "그런즉 누구든지 그리스도 안에 있으면 새로운 피조물이라. 이전 것은 지나갔으니 보라 새것이 되었도다." 그는 새 생명을 받은 자이다. 성도의 새 생활은 구원 얻은 증거이다. 그러므로 우리에게는 예수 그리스도의 십자가 대속으로 주신 구원과 구원 얻은 새 삶만 의미와 가치가 있다. 이 일을 위해서는 할례도, 무할례도 아무 유익이 없다. 그리스도 밖의 모든 사람은 할례자나 무할례자나 모두 다 죄인이요 영원한 지옥 불못의 멸망을 피할 수 없는 자이기 때문이다.

〔16절〕 무릇 이 규례(카논 κανών)[규칙]**를** [따라] **행하는 자에게와 하나님의 이스라엘에게 평강**[평안]**과 긍휼이 있을지어다.**

'이 규칙'은 은혜의 복음 진리를 가리킨다. 즉 주 예수 그리스도의 대속 사역 안에 죄사함과 의롭다 하심의 은혜가 있고 그것이 구원의 진리이다. 이것이 세상에서 가장 중요하고 가장 귀하고 복된 진리이다. '이 규칙을 따라 행하는 자'는 이 복음 신앙을 가진 성도를 가리킨다. '하나님의 이스라엘'이라는 말은 주 예수 그리스도를 믿는 모든 성도들을 가리켰다고 본다. 신약 성도들은 영적 이스라엘이다. 복음 신앙을 가진 모든 성도들에게 하나님의 평안이 있을 것이다.

〔17-18절〕 이후로는 누구든지 나를 괴롭게 말라. [이는] **내가 내 몸에 예수**[주 예수님](전통사본)**의 흔적을 가졌노라**[가졌음이니라]. **형제들아, 우리 주 예수 그리스도의 은혜가 너희 심령에 있을지어다. 아멘.**

사도 바울을 괴롭게 한 것은, 그의 사도직과 권위를 부정하고 그의 전한 복음을 대항하고 이탈하여 다른 복음을 전하는 것이었다. 바울은 이런 도전 때문에 이 편지를 쓰게 되었다. 바울을 괴롭게 말아야 할 이유는 그가 그 몸에 예수님의 흔적을 가졌기 때문이다. '예수님의 흔적'이란 채찍 자국같이 그가 예수님과 그의 복음 때문에 받은 고난의 흔적을 가리킬 것이다. 사도 바울은 예수님의 고난에 참여한 사역자이었다. 고난의 흔적을 가진 자는 하나님의 참된 종일 것이다.

본문의 교훈을 정리해보자. 첫째로, 갈라디아 교인들은 율법주의로 돌아가지 말아야 한다. 할례를 받는 자는 율법을 지켜 구원을 얻으려는 자이다. 율법을 지켜야 구원 얻는다는 율법주의 사상은 하나님의 복음의 왜곡이며 부정이다. 그것은 실상 복음이 아니다. 이신칭의(以信稱義)의 복음 외에 다른 복음은 없다. 다른 복음을 전하는 자는 저주를 받을 것이다(갈 1:8-9). 사람이 죄인들을 위해 죽으신 구주 예수 그리스도를 믿는 길 외에는 죄사함과 의롭다 하심의 구원을 얻는 길이 없다.

둘째로, 사도 바울은 세상의 것들을 자랑하지 않고 오직 예수 그리스도의 십자가만 자랑했다. 세상의 것들이 다 허무함은 구약성경 전도서에서 이미 밝히 증거한 진리이다. 이 세상의 것들은 우리에게 죄사함과 영생을 주지 못한다. 우리는 오직 예수 그리스도를 믿음으로 의롭다 하심을 얻었다. 우리의 의는 예수님의 피밖에 없다. 그러므로 우리는 예수님의 십자가만 우리의 찬송 제목과 유일한 자랑으로 삼아야 한다.

셋째로, 할례나 무할례가 아무것도 아니며 우리가 새로운 피조물이 되었다는 사실이 중요하다. 우리는 예수 그리스도의 대속의 의에 근거하여 하나님의 은혜로 예수 그리스도를 우리의 구주와 주님으로 영접하며 믿었을 때 곧 우리의 죽었던 영혼이 다시 살게 되었을 때 새로운 피조물이 되었다. 그것이 중생(重生) 곧 거듭남이다. 그때 우리는 하나님 앞에서 죄사함과 의롭다 하심을 얻었다. 그 결과, 우리는 하나님의 자녀의 특권을 회복케 되었고 '거룩해진 자' 곧 성도라고 불리게 되었다. 하나님께서는 이들에게 천국과 영생을 주시겠다고 약속하셨다. 우리는 이 구원과 새 피조물된 사실을 하나님께 항상 감사해야 한다.

에베소서

서론

에베소서의 **저자**는 바울이다. 1:1, "하나님의 뜻으로 말미암아 그리스도 예수의 사도된 바울은." 3:1, ". . . 갇힌 자된 나 바울은." 초대교회에 익나시우스, 허마, 알렉산드리아의 클레멘트, 터툴리안, 이레니우스 등은 본 서신을 인용하며 그것이 사도 바울의 서신임을 증거하였다.

본 서신의 **수신자**는 에베소 교인들이다. 몇몇 고대 사본들에 '에베소 교인들에게'라는 구절이 생략되어 있으나, "에베소에 있는"이라는 구절이 있는 사본들과 역본들의 압도적 증거들이 있고,[17] 무라토리 단편, 이레니우스, 터툴리안, 알렉산드리아의 클레멘트, 오리겐 등 초대 교부들의 증거들도 있다. 본서의 **저작 연대**는 주후 60년경일 것이며, 사도 바울은 이 편지를 로마 감옥에서 썼다고 본다(3:1; 4:1).

본서의 **특징적 주제**는 교회이다. 본서는 그리스도의 몸된 교회에 대해 증거한다. 본서에는 '교회'라는 말이 9번 나온다(로마서에는 5번, 고린도전서에는 22번, 고린도후서에는 9번, 갈라디아서에는 3번 등).

본서의 **각 장의 주요 내용**은 다음과 같다.

[1-2장, 교회의 본질]

1장, 교회의 기초
2장, 교회의 구성원

[3-6장, 교회의 속성]

3장, 교회의 보편성
4장, 교회의 일체성
5장, 교회의 성결성
6장, 교회의 전투성

---

17) Byz A it^{d} vg syr^{p} cop$^{sa\ bo}$ arm 등.

1장: 교회의 기초

1-14절, 성삼위 하나님의 구원 사역

〔1-2절〕 **하나님의 뜻으로 말미암아 그리스도 예수의 사도된 바울은 에베소에 있는 성도들과 그리스도 예수 안의 신실한 자들에게** 편지하노니 **하나님 우리 아버지와 주 예수 그리스도로 좇아 은혜와 평강**[평안]**이 너희에게** 있을지어다.

바울은 하나님의 뜻으로 말미암아 그리스도 예수의 사도가 되었다. 그가 무지하여 예수님 믿는 자들을 핍박하였을 때, 주께서 그를 부르셨고 사도로 삼으셨다. 사도는 예수 그리스도께서 복음 전파를 위해 세우시고 보내신 자를 가리킨다. 사도 바울은 에베소에 있는 성도들과 그리스도 예수 안의 신실한 자들에게 편지하며 하나님 우리 아버지와 주 예수 그리스도께서 주시는 은혜와 평안을 기원하였다. 은혜는 죄사함과 의롭다 하심과 성화(聖化)의 은혜이며, 평안은 그 은혜에 근거한 마음의 평안과 육신적, 물질적, 환경적 평안을 가리킨다.

〔3-6절〕 **찬송하리로다, 하나님 곧 우리 주 예수 그리스도의 아버지께서 그리스도 안에서 하늘에 속한 모든 신령한**[영적인] **복으로 우리에게 복 주시되 곧 창세 전에 그리스도 안에서 우리를 택하사 우리로 사랑 안에서 그 앞에 거룩하고 흠이 없게 하시려고 그 기쁘신 뜻대로 우리를 예정하사 예수 그리스도로 말미암아 자기의 아들들이**(휘오데시아 υἱοθεσία)[양자(養子)가] **되게 하셨으니 이는 그의 사랑하시는 자 안에서 우리에게 거저 주시는 바 그의 은혜의 영광을 찬미**[찬송]**하게 하려는** 것이라.

사도 바울은 하나님께서 우리에게 주신 구원 때문에 그를 찬송하면서 그의 구원을 세 단계로 설명했다. 첫째는 하나님의 선택하심이며 둘째는 예수 그리스도의 구속(救贖)하심이며 셋째는 성령의 인치심이다. 오늘 우리도 성삼위 하나님의 구원 사역을 찬송해야 한다.

우리가 얻은 구원은 하나님께서 주신 복이다. 그것은 땅에 속한 것 곧 육신적, 물질적, 현세적 복이 아니고 하늘에 속한 것 곧 영적, 내세적 복이다. 현세적 복도 복이지만, 그것은 우리가 죽으면 다 끝나는 복이다. 그러나 구원은 영원한 천국과 영생의 복이다.

우리의 구원은 하나님의 창세 전 선택하심에서 시작되었다. 그것은 '그의 기쁘신 뜻대로' 된 것이었다. 그것은 하나님의 주권적 의지에 근거하였다. 하나님께서는 세상을 창조하시기 전에 그의 기쁘신 뜻대로 인류 중 어떤 이들을 구원하시려고 계획하셨다. 그는 그들을 아셨고 사랑하셨고 선택하셨고 구원과 영생으로 예정하셨다.

우리는 '그리스도 안에서' 선택되었다. 그리스도께서는 하나님의 아들이시며 아브라함이 나기 전부터 계신 자이시며(요 8:58) 창세 전부터 아버지와 영광을 누리셨던 자이시며(요 17:5) 태초부터 계신 자이시며(요 1:1) 영원 전부터 계신(미 5:2) 신적 구주이시다. 하나님께서는 구원하실 죄인들을 택하시고 그들의 죄를 그리스도에게 전가(轉嫁)시키셨다. 그리스도께서는 그들의 죄를 대속(代贖)하는 제물이 되셨다. 그것은 하나님의 전적인 은혜이었다.

하나님의 선택의 일차적 목적은 택자들을 하나님 앞에서 거룩하고 흠이 없게 하시는 것이었다. '하나님 앞에서'라는 말은 사람이 하나님 앞에서 거룩하고 흠이 없어야 함을 보인다. 죄는 사람 앞에서는 감출 수 있으나 하나님 앞에서는 그렇지 않다. 사람은 본래 하나님의 형상대로 지혜롭고 거룩하고 의롭게 지음을 받았으나(전 7:29; 골 3:10; 엡 4:24) 범죄함으로 더러워졌다. 그러나 하나님께서는 택자들을 구원하셔서 다시 거룩하고 흠이 없게 하시기를 계획하신 것이다.

또 하나님께서는 택자들을 예수 그리스도로 말미암아 양자(養子)가 되게 하셨다. 그들은 본질적으로는 하나님의 아들들이 아니지만, 양자(養子)로서 하나님의 자녀들의 특권을 얻었다(요 1:12; 롬 8:15).

하나님의 선택의 궁극적 목적은 하나님의 은혜의 영광을 찬송하게 하시려는 것이다. 선택하심은 하나님의 무조건적 사랑과 은혜이었다. 그러므로 구원 얻은 죄인들은 지옥 갈 자신들을 선택하시고 은혜로 구원하신 하나님의 은혜를 찬송할 것밖에 없다.

〔7절〕 우리가 그리스도 안에서 그의 은혜의 풍성함을 따라 그의 피로 말미암아 구속(救贖) 곧 죄사함을 받았으니.

창세 전에 택함 받은 자들은 예수 그리스도의 피로 구속(救贖)함을 얻었다. 그들의 모든 죄는 씻음 받았다. '그의 피로 말미암아'라는 말은 그리스도의 피가 죄를 속(贖)함을 증거한다. 레위기 17:11, "육체의 생명은 피에 있음이라. 내가 이 피를 너희에게 주어 단에 뿌려 너희의 생명을 위하여 속(贖)하게 하였나니 생명이 피에 있으므로 피가 죄를 속(贖)하느니라." 사도 베드로는 말하기를, "너희가 알거니와 너희 조상의 유전한 망령된 행실에서 구속(救贖)된 것은 은이나 금같이 없어질 것으로 한 것이 아니요, 오직 흠 없고 점 없는 어린양 같은 그리스도의 보배로운 피로 한 것이니라"고 하였다(벧전 1:18-19).

〔8-10절〕 이는(헤스 ἧς)(그 은혜를) **그가 모든 지혜와 총명으로 우리에게 넘치게 하사 그 뜻의 비밀을 우리에게 알리셨으니 곧 그 기쁘심을 따라 그리스도 안에서 때가 찬 경륜**[계획]**을 위하여 예정하신 것이니 하늘에 있는 것이나 땅에 있는 것이 다 그리스도 안에서 통일되게 하려 하심이라.**

'그 뜻의 비밀'은 예수 그리스도로 인한 대속(代贖)의 이치를 가리킨다. 예수 그리스도의 복음은 하나님의 비밀이었다. 구약 백성들은 이것을 잘 이해하지 못했고, 예수님의 제자들도 처음에는 그러했다. 그들은 성령을 받은 후에 그것을 잘 이해하게 되었다. 예수 그리스도를 통한 구원은 하나님의 기쁘신 뜻이었다. 다른 방법은 없었다. 사도행전 4:12, "다른 이로서는 구원을 얻을 수 없나니 천하 인간에 구원을 얻을 만한 다른 이름을 우리에게 주신 일이 없음이니라." 주 예수 그리스도께서는 죄인들을 위한 구원의 유일한 길이시다(요 14:6).

하나님의 구원 계획에는 시간표가 있었다. 아담의 창조 후 6천년의 역사를 위한 하나님의 시간표가 있었다. 아담 후 천년 경에 노아라는 인물이 출생하였다. 아담 후 2천년 경에는 아브라함이 출생하였다. 아담 후 3천년 경에는 다윗이 출생하였다. 아담 후 4천년 경이 되어 '때가 찬 계획대로' 예수 그리스도께서 오셨고, 예수 그리스도 안에서 모든 자들 곧 하늘에 있는 자들이나 땅에 있는 자들이 다함께 구원을 얻는다. 디모데전서 2:5는 예수 그리스도께서 인류의 유일한 중보자이심을 증거하였다. 그는 지금 천국에 있는 성도들이나 지상에 있는 성도들이나 다 한 몸, 한 가족, 한 교회, 한 나라를 이루시는 분이시다. 모든 택자들은 예수 그리스도 안에서 한 교회가 된다.

〔11-12절〕 모든 일을 그 마음의 원대로 역사하시는 자의 뜻을 따라 우리가 예정을 입어 그 안에서 기업이 되었으니 이는 그리스도 안에서 전부터 바라던[그리스도를 먼저 바랐던(혹은 믿었던)] **우리로 그의 영광의 찬송이 되게**[그의 영광을 찬송하게] **하려 하심이라.**

하나님께서는 '모든 일을 그 마음의 원대로 역사(役事)하시는 자' 곧 주권적 섭리자이시다. 우리의 예정은 주권자이신 하나님의 뜻에 근거했다. 이 하나님의 예정으로 우리는 하나님의 기업, 곧 천국 백성이 되었다. '그의 영광의 찬송이 되게 하려 하심이라'는 원어는 6절과 14절의 말과 동일한데, 그것은 '그의 영광을 찬송하게 하려 하심이라'는 뜻이다. 우리가 예수 그리스도의 구원 사역으로 천국 백성된 최종적 목적은 하나님의 영광을 찬송하게 하는 것이다.

〔13-14절〕 그 안에서(그리스도 안에서) **너희도 진리의 말씀 곧 너희의 구원의 복음을 듣고 그 안에서**[그것을] **또한 믿어 약속의 성령**[님]**으로 인치심을 받았으니 이는**[그는](성령께서는) **우리의 기업에 보증이 되사 그 얻으신 것을 구속(救贖)하시고**[그 얻으신 것의 구속(救贖)의 때까지 우리의 기업에 보증이 되사] **그의 영광을 찬미하게**[찬송하게] **하려 하심이라.**

'그 안에서'라는 말은 '그리스도 안에서'라는 뜻이다. '너희도'라는 말은 11절의 '우리가'라는 말에 이어진다. 우리만 그런 것이 아니고, 에베소 교인 너희도 구원의 복음 진리를 듣고 그것을 믿었고 약속의 성령님으로 인치심을 받았다는 뜻이다. '그 안에서 또한 믿어'라는 말은 '그것을 믿어'라는 뜻이다. '그것'은 바로 앞에 나오는 구원의 복음을 가리킨다. 성령께서는 주의 약속하신 대로 오셨다. 성령님의 인치심은, 예수님 믿고 구원 얻을 때 성령님을 받는 것을 말한다. 이것은 선택과 구속(救贖)과 함께 하나님의 구원 계획의 세 번째 단계이다.

14절의 '이는'(호스 ὅς)(남성 관계대명사)이라는 말은 앞절의 성령님을 가리킨다. 원어에서 '성령님'은 중성명사이지만, 남성 관계대명사가 사용된 것은 성령님의 인격성을 증거한다. 성령님의 인치심, 곧 성령께서 구원 얻은 성도 안에 거하시는 것은 성도가 끝까지 견디는 일에 보증이 되신다. 하나님께서 택하시고 주께서 피흘려 구속(救贖)하시고 성령께서 인치신 자들은, 모두 다 끝까지 보존되며 이 세상에 사는 동안 성화(聖化)를 이루다가 마침내 영광에 이를 것이다.

본문의 교훈을 정리해보자. 첫째로, 우리는 하나님 우리 아버지와 주 예수 그리스도께로부터 오는 은혜와 평안 얻기를 사모해야 한다.

둘째로, 우리는 창세 전에 우리를 그리스도 안에서 선택하신 하나님의 크신 은혜를 감사 찬송해야 한다. 또 우리는 하나님의 목적대로 그 앞에서 거룩하고 흠이 없는 자가 되도록 실제적으로도 힘써야 한다.

셋째로, 우리는 주 예수 그리스도의 보배로운 피로 구속(救贖)함을 얻은 것을 감사 찬송해야 한다. 예수님의 십자가 구속 사역이 아니었다면 우리는 우리의 죄로 영원한 지옥 형벌을 피할 수 없었을 것이다.

넷째로, 우리는 성령께서 우리로 복음을 깨닫고 믿어 구원 얻게 하신 것을 감사 찬송해야 한다. 우리 안에 거하시는 성령께서는 우리의 구원의 보증이시다. 우리는 하나님께서 택하시고 예수 그리스도께서 구속(救贖)하시고 성령께서 인치신 구원의 은혜를 감사 찬송해야 한다.

15-23절, 사도 바울의 기도

〔15-16절〕 이를 인하여 주 예수 안에서[주 예수께 대한] **너희 믿음과 모든 성도를 향한 사랑을 나도 듣고 너희를 인하여 감사하기를 마지 아니하고 내가 기도할 때에 너희를 말하노라.**

'이를 인하여'라는 말은 에베소인들의 구원 얻은 사실을 인하여라는 뜻이다. 사도 바울이 에베소 교인들로 인해 감사한 것은 그들이 예수 그리스도를 믿고 구원 얻었기 때문이며 또 그들의 믿음이 모든 성도를 향한 사랑으로 나타난 진실한 믿음이었기 때문이다. 성도는 세상의 그 어떤 감사보다 예수님 믿고 구원 얻었고 그의 믿음이 참되며 성장하고 있다는 사실로 인한 감사를 하나님께 드려야 한다.

〔17절〕 우리 주 예수 그리스도의 하나님, 영광의 아버지께서 지혜와 계시의 정신을 너희에게 주사 하나님을 알게 하시고.

바울은 하나님을 '우리 주 예수 그리스도의 하나님, 영광의 아버지'라고 부른다. '우리 주 예수 그리스도의 하나님'이라는 말은 예수님의 인성(人性)을 증거한다. 예수께서는 하나님이신 동시에 '사람'이시고(딤전 2:5) '마지막 아담'과 '둘째 사람'이시고(고전 15:45, 47) '의인'이시다(행 7:52). 하나님께서는 또한 '영광의 아버지'이시다.

바울이 에베소 교인들을 위해 하나님께 기도한 내용은 세 가지이었다. 첫째로, 그는 하나님께서 그들에게 하나님을 아는 지혜를 주시기를 구했다. 그들은 이미 하나님을 알고 있었다. 누구든지 하나님을 알지 못하고서는 죄사함의 구원과 영생을 얻을 수 없다(요 17:3). 그러나 에베소 교인들은 이제 하나님을 더 많이 알아야 한다.

하나님을 알기 위하여 그들은 하나님께서 은혜로 주시는 '지혜와 계시의 정신[혹은 영]'이 필요했다. '계시(啓示)'라는 말은 하나님께서 자신을 알려주시는 것을 말한다. 하나님께서 자신을 알려주셔야 우리는 하나님을 알 수 있다(마 11:27; 막 4:12). 신앙생활의 시작에도 또 진행에도, 하나님의 주시는 지혜와 지식이 필요하다. 구원 얻은 자는 하나님의 지식을 이미 얻었으나 그의 지식은 자라고 확고해져야 한다. 그러므로 우리에게도 하나님께서 지혜와 계시의 정신을 주셔서 하나님을 알게 하시는 것이 필요하다. 그것이 큰 복이다.

〔18절〕 너희 마음 눈을 밝히사 그의 부르심의 소망이 무엇이며 성도 안에서 그 기업의 영광의 풍성이 무엇이며.

둘째로, 사도 바울은 하나님께서 에베소 교인들에게 마음의 눈을 밝히셔서 그의 부르심의 소망이 무엇이며 그 기업의 영광의 풍성이 무엇인지 알게 하시기를 구하였다. 하나님께서 우리를 부르신 부르심의 소망은 부활과 천국과 영생이며 그가 우리에게 주신 그 기업의 영광의 풍성은 천국의 영광과 복을 가리킨다. 그것은 '장차 우리에게 나타날 영광'(롬 8:18)이며 '지극히 크고 영원한 영광'(고후 4:17)이며 또 '지극히 귀한 보석 같은 영광'(계 21:10-11)이다.

〔19절〕 그의 힘의 강력으로 역사하심을 따라 믿는 우리에게 베푸신 능력의 지극히 크심이 어떠한 것을 너희로 알게 하시기를 구하노라.

셋째로, 사도 바울은 하나님께서 에베소 교인들로 믿어 구원 얻게 하신 하나님의 능력의 지극히 크심을 알게 하시기를 기도하였다. 죄로 인하여 어두워졌고 심히 무감각해졌던 우리를 깨우쳐 회개하고 주 예수 그리스도를 믿게 하시는 하나님의 구원 사역은 그의 능력의 일이시다. 하나님의 능력이 아니고서는 죄로 죽었던 우리의 영혼이 결코 다시 살 수 없었다. 믿음은 하나님의 크신 구원의 능력의 결과이다. 우리는 하나님의 지극히 크신 능력으로 믿음으로 구원을 얻었다. 이 능력이, 하나님께서 만세 전에 택하시고 주 예수 그리스도의 피로 구속(救贖)하신 자들을 오늘날도 구원하신다.

〔20절〕 그 능력이 그리스도 안에서 역사하사 죽은 자들 가운데서 다시 살리시고 하늘에서 자기의 오른편에 앉히사.

하나님의 지극히 크신 능력은 예수 그리스도 안에 역사(役事)하여 그를 죽은 자들 가운데서 다시 살리시고 하늘에 오르게 하셔서 하나님의 오른편에 앉게 하셨다. 예수 그리스도의 부활은 하나님의 지극히 크신 능력의 표이었다. 죽음은 인류 역사 수천 년 동안 세상에서 가장 큰 세력처럼 보였고, 사람의 절망들 가운데서 가장 큰 절망처럼 보였다. 그러나 주 예수 그리스도의 부활은 죽음의 권세를 이기고 가장 큰 절망을 단번에 극복한 하나님의 지극히 크신 능력의 사건이었다. 예수 그리스도의 부활은 세상에서 참으로 기쁜 소식이었다. 또, 예수 그리스도의 승천과 하나님의 오른편에 앉으심도 놀라운 사실들이다. 성경은 이 두 가지 사실들을 확실하게 증거하고 있다. 사도행전 1:9, 10, "이 말씀을 마치시고 저희 보는 데서 올리워 가시니 구름이 저를 가리워 보이지 않게 하더라. 올라가실 때 제자들이 자세히 하늘을 쳐다보고 있는데." 베드로전서 3:22, "저는 하늘에 오르사 하나님 우편에 계시니 천사들과 권세들과 능력들이 저에게 순복하느니라."

〔21절〕 모든 정사(政事)와 권세와 능력과 주관하는 자와 이 세상뿐 아니라, 오는 세상에 일컫는 모든 이름 위에 뛰어나게 하시고.

하나님께서는 그리스도를 모든 이름 위에 뛰어나게 하셨다. '정사(政事)와 권세와 능력과 주관하는 자'는 이 세상에서 활동하는 천사들을 가리킨다고 보인다. 주 예수 그리스도의 이름은 이 세상과 오는 세상의 모든 이름들 위에 뛰어난 이름이 되셨다. 빌립보서 2:9-11, "이러므로 하나님께서 그를 지극히 높여 모든 이름 위에 뛰어난 이름을 주사 하늘에 있는 자들과 땅에 있는 자들과 땅 아래 있는 자들로 모든 무릎을 예수님의 이름에 꿇게 하시고 모든 입으로 예수 그리스도를 주라 시인하여 하나님 아버지께 영광을 돌리게 하셨느니라." 물론, 불신자들과 이방 종교인들은 예수 그리스도의 이름을 무시하고 그의 신적 영광을 보지 못하고 있다. 그러나 무지한 세상 사람들이 그를 인정하지 않고 그에게 합당한 영광을 돌리지 않는 것뿐이지, 그는 아버지와 함께 동등한 권세를 가지시고 동등한 영광을 누리신다.

〔22절〕 또 만물을 그 발 아래 복종하게 하시고 그를 만물 위에 교회의 머리로 주셨느니라.

하나님께서 예수 그리스도를 자기 오른편에 앉게 하심은 만물을 그 발 아래 복종하게 하심이었다. 예수 그리스도께서는 만유의 주이시다. 만물은 그의 발 아래 있고 그에게 복종해야 한다. 그는 만왕의 왕이시요 만주의 주이시다. 만물 중에는 인류의 원수인 사탄도 포함되며 사탄도 마침내 그리스도의 발 아래 또한 그리스도 안에서 성도들의 발 아래 굴복할 것이다(시 110:1; 롬 16:20).

높임을 받으신 예수 그리스도께서는 교회의 머리이시다. 골로새서 1:18, "그는 몸인 교회의 머리라." '머리'라는 말은 '우두머리, 주'라는 뜻이다. 그가 교회의 우두머리이시므로 교회는 그에게 순종해야 한다. 또 교회의 지도자는 살아계신 예수 그리스도뿐이시다(마 23:10). '머리'라는 말은 몸의 머리라는 뜻도 가진다. 머리와 몸이 나뉠 수 없듯이, 예수 그리스도와 교회는 잠시라도 분리될 수 없는 생명적 관계이다. 교회는 예수 그리스도 없이는 잠시라도 존재할 수 없다.

〔23절〕 교회는 그의 몸이니 만물 안에서 만물을 충만케 하시는 자의 충만이니라.

교회는 예수 그리스도의 몸이다. 예수 그리스도께서는 한 개인이시지만, 또한 새 인류이시다. 그리스도 안에서 새 인류가 선택되었고(엡 1:4) 그들이 그리스도 안에서 하나가 되었고(엡 1:10) 구원 얻는 유대인들이나 이방인들 모두가 한 새 몸을 이룬다(엡 2:15). 또 그리스도의 몸인 교회는 '만물 안에서 만물을 충만케 하시는 자의 충만'이라고 표현된다. 하나님의 구원은 개인적으로, 온 세계적으로 교회를 통해 충만히 이루어지고 있다. 교회는 하나님의 구원을 이루는 전도, 곧 지역 복음화와 세계 복음화의 기지(基地)일 뿐 아니라, 그 자체가 하나님의 구원 계획의 충만한 성취인 것이다. 교회는 하나님의 구원 계획의 충만한 성취이며 완성이다. 교회의 충만은 수적인 면에서도 그러하다. 하나님의 선택된 자들 전체가 다 구원 얻을 것이다. 요한계시록 7:9, "이 일 후에 내가 보니 각 나라와 족속과 백성과 방언에서 아무라도 능히 셀 수 없는 큰 무리가 흰옷을 입고 손에 종려가지를 들고 보좌 앞과 어린양 앞에 서서." 성경과 역사가 증거하는 대로, 주 예수 그리스도의 교회는 지역적으로, 시대적으로 쇠퇴하는 단체가 아니고 수적으로 성장하고 충만해져 가는 단체이다.

본문의 교훈을 정리해보자. 사도 바울의 기도 내용은 오늘 우리에게도 필요한 내용이다. 첫째로, 우리는 하나님께서 우리에게 지혜와 계시의 정신을 주셔서 하나님을 알게 하시기를 기도해야 한다. 우리는 무엇보다 성경을 통해 하나님을 더 아는 복을 누리기를 기도해야 한다.

둘째로, 우리는 하나님께서 우리의 마음 눈을 밝히셔서 그의 부르심의 소망과 그의 기업의 영광의 풍성이 무엇인지 알게 하시기를 기도해야 한다. 우리는 하나님께서 우리에게 주신 복된 부활과 천국과 영생의 소망을 더 깨닫고 그 천국과 영생의 영광을 더 깨닫기를 원한다.

셋째로, 우리는 하나님께서 우리에게 그의 능력의 지극히 크심이 어떠한 것을 알게 하시기를 기도해야 한다. 하나님께서는 무지하고 연약한 우리를 그의 능력으로 구원하셔서 구주 예수님 믿고 구원 얻게 하셨다. 우리는 오늘도 그의 능력을 의지하며 이 험한 세상을 산다.

넷째로, 우리는, 하나님의 크신 능력의 역사로 부활하시고 승천하셔서 지금 하나님의 오른편에 계신 예수 그리스도의 영광을 바라보며 그가 교회의 머리 되심을 알고 그에게와 그의 모든 말씀에 절대 순종해야 한다. 예수님의 이름은 모든 천사들과 모든 사람들의 이름들 위에 뛰어나신 이름이시다. 이 세상은 그를 모를지라도, 우리는 그의 이름을 높이고 그의 영광을 찬송해야 한다. 그는 우리의 하나님과 주님과 왕이시다. 교회는 오직 성경에 계시된 대로 주 예수님의 뜻과 교훈에 겸손히 복종해야 한다. 교회의 본분은 오직 성경말씀을 믿고 복종하는 것이다.

2장: 교회의 구성원

1-10절, 은혜의 구원

〔1절〕 너희의 허물과 죄로 죽었던 너희를 살리셨도다.

성도의 영혼은 과거에 허물과 죄로 죽었던 상태이었다. '허물과 죄'란 아담의 첫 범죄로 인해 모든 사람이 태어날 때부터 가지고 태어나는 원죄(原罪)와 이 원죄 때문에 각 사람이 실제로 범하는 자범죄(自犯罪)를 포함하는 말이다. 하나님께서 첫 사람 아담에게 경고하셨던 대로(창 2:16-17), 죄의 보응은 죽음이다(롬 6:23). 모든 사람은 영적으로는 죽은 자이었다. 그것은 그의 영혼이 하나님의 생명으로부터 분리되어 있는 것을 말한다. 죽은 영혼은 하나님을 참으로 알지 못하고 하나님께서 기뻐하시는 참된 의와 선을 행하지 못한다.

〔2절〕 그때에 너희가 그 가운데서 행하여 이 세상 풍속을 좇고 공중의 권세 잡은 자를 따랐으니 곧 지금 불순종의 아들들 가운데서 역사하는 영이라.

구원 얻기 전에 사람들은 이 세상 풍속을 좇고 공중의 권세 잡은 자를 따랐다. 이 세상 풍속은 죄악된 풍속이며, '공중의 권세 잡은 자'는 사탄이다. 사탄은 '이 세상 임금'(요 12:31), '이 세상 신'(고후 4:4)으로 표현되는 자이다. 사도 바울은 고린도후서 4:3-4에서, "만일 우리 복음이 가리웠으면 망하는 자들에게 가리운 것이라. 그 중에 이 세상 신이 믿지 않는 자들의 마음을 혼미케[어둡게] 하여 그리스도의 영광의 복음의 광채가 비취지 못하게 함이라"고 말하였다. 또 사도 요한은 온 세상이 악한 자[사탄] 안에 처해 있다고 말했다(요일 5:20). 성령께서는 우리 속에 믿음과 순종을 주시지만, 사탄은 사람들 속에 불신앙과 불순종을 일으키며 이 세상에 죄악된 풍조를 조장한다.

〔3절〕 전에는 우리도 다 그 가운데서 우리 육체의 욕심을 따라 지내며

육체와 마음의 원하는 것을 하여 다른 이들과 같이 본질상 진노의 자녀이었더니.

우리도 과거에 불순종의 아들들처럼 육체의 욕심을 따라 살았었다. '육체'라는 말(사르크스 σάρξ)은 '죄성을 가진 몸'을 가리킨다고 본다. 돈에 대한 욕심, 이성(異性)에 대한 욕심, 세상 권세와 명예에 대한 욕심 등이 그러하다. 이것들은 다 세상적이요 죄악되다. 구원 얻기 전의 우리는 다른 사람들과 같이 본질상 진노의 자녀들이었다.

〔**4-5절**〕 [그러나] **긍휼에 풍성하신 하나님이**[께서] **우리를 사랑하신 그 큰 사랑을 인하여 허물로 죽은 우리를 그리스도와 함께 살리셨고 (너희가 은혜로 구원을 얻은 것이라).**

하나님의 진노 아래 있었던 우리에게 하나님의 긍휼의 구원이 왔다. 우리가 구원 얻은 원인과 이유는 하나님의 긍휼과 사랑과 은혜밖에 없었다. 다른 원인과 이유는 없었다. 우리 속에는 어떤 원인도 없었다. 모든 사람이 다 죄인이었고 영적으로 죽어 있었고 무능력했다. 성경은 만물보다 거짓되고 심히 부패한 것이 사람의 마음이라고 말했고(렘 17:9), 또 "구스인이 그 피부를, 표범이 그 반점을 변할 수 있느뇨? 할 수 있을진대 악에 익숙한 너희도 선을 행할 수 있으리라"고 말했다(렘 13:23). 사도 바울은, "우리가 아직 죄인 되었을 때 그리스도께서 우리를 위하여 죽으심으로 하나님께서 우리에게 대한 자기의 사랑을 확증하셨느니라"고 말했다(롬 5:8). 죄인들을 향한 하나님의 사랑은 예수 그리스도의 십자가 대속(代贖)의 죽음으로 확증되었다.

하나님께서는 허물과 죄로 죽었던 우리를 그리스도와 함께 다시 살리셨다. 죽었던 우리의 영혼은 새 생명을 얻었다. 이것을 중생(重生, 거듭남)이라고 표현하며, 이것이 구원이다. 이것은 예수 그리스도께서 택자들을 위해 대속의 죽음을 죽으시고 3일 만에 부활하심으로 이루신 일에 근거한 것이다. 예수 그리스도의 죽음은 우리의 죽음이 되었고 그의 부활은 우리의 부활이 되었다. 이것은 하나님의 전적인 은혜이었다. 우리의 구원은 하나님의 은혜로 얻은 구원이다.

〔6절〕 **또 함께 일으키사 그리스도 예수 안에서 함께 하늘에 앉히시니.**

예수 그리스도께서 부활하신 후 하늘에 올리우셨고 하나님 오른편에 앉으셨을 때, 예수님 믿는 모든 자들도 그와 함께 새 생명을 얻었고 하나님의 자녀의 특권을 얻었고 천국을 상속받는 자들이 되었다. 예수 그리스도의 부활과 승천과 하나님 오른편에 앉으심은 우리의 구원과 그 특권에 대한 성취와 확증이며 상징이 되었다.

〔7절〕 **이는 그리스도 예수 안에서 우리에게 자비하심으로써 그 은혜의 지극히 풍성함을 오는 여러 세대에 나타내려 하심이니라.**

예수 그리스도의 죽으심과 부활하심으로 말미암은 구원은 하나님의 지극히 풍성하신 자비와 은혜를 나타내심이었고 그 은혜는 2천년이 지난 오늘날까지 온 세상에 밝히 전파되고 있고 증거되고 있다. 예수 그리스도의 십자가 고난과 피 흘리신 죽음은 순전히 죄인들을 대신하신 것이었다. 주 예수 그리스도의 죽으심은 우리의 죄를 깨끗케 하시기 위한 유일한 해결책이었다. 대속물이 아니고서는 우리의 죄가 제거될 수 없었다. 그것은 하나님께는 큰 희생이었고 우리에게는 측량할 수 없는 하나님의 은혜이었다.

〔8절〕 [이는] **너희가 그 은혜를 인하여 믿음으로 말미암아 구원을 얻었나니**[얻었으며].

우리의 구원은 전적으로 하나님의 은혜에 기인했다. 하나님께서 우리를 구원하신 이유는 그의 은혜 때문이었다. 다른 이유는 없었다. 디모데후서 1:9, "하나님께서 우리를 구원하사 거룩하신 부르심으로 부르심은 우리의 행위대로 하심이 아니요 오직 자기 뜻과 영원한 때 전부터 그리스도 예수 안에서 우리에게 주신 은혜대로 하심이라."

구원의 수단은 예수 그리스도를 믿는 믿음이었다. 믿음은 지식과 찬동과 의지를 포함한다. 믿음은 예수 그리스도께 나아오는 것이며

(요 6:35, 37) 그를 영접하는 것이며(요 1:12) 마음으로 순종하는 것이다(롬 6:17). 믿음은 입술로 고백된다(롬 10:9-10). 물론, 참된 믿음은 선한 행위로 나타난다. 행함이 없는 믿음은 죽은 믿음이다(약 2:17).

참된 믿음은 구원의 수단이요 구원에 필수적이지만 사람의 어떤 공로적 행위가 아니다. 믿음은 율법 순종의 행위와 대조되는 어떤 것이다(롬 4:5). 믿음은 빈손과 같다. 하나님의 구원의 선물을 받기 위해 빈손이 필요하지만, 빈손은 자랑할 만한 공로가 될 수 없다. 회개하는 상한 심령과 진실한 믿음은 구원을 위해 꼭 필요하지만, 그것은 공로가 되지 못한다. 그러나 우리는 믿어야 한다(요 3:16). 믿음은 하나님의 긍휼을 얻는 정상적이고 정당한 수단이며, 불신앙은 하나님 앞에서 큰 죄악이며 멸망에 이르는 길이다(요 3:18, 36).

우리는 하나님의 은혜를 인하여 믿음으로 구원을 얻었다. '구원을 얻었다'는 원어(세소스메노이 σεσῳσμένοι)(완료분사)는 믿는 성도가 이미 구원을 얻었음을 보인다. 성경에서 말하는 '구원'은 죄로부터의 구원이다. 그것은 죄로 더러워진 자가 거룩하고 의로운 자가 되는 것이다. 이것은 법적인 구원을 가리킨다. 히브리서 10:10, 14, "이 뜻을 좇아 예수 그리스도의 몸을 단번에 드리심으로 말미암아 우리가 거룩함을 얻었노라," "저가 한 제물로 거룩하게 된 자들을 영원히 온전케 하셨느니라." 구원 얻은 성도는 현재 성화를 이루다가(빌 2:12) 장차 하나님의 심판대 앞에서도 구원을 얻을 것이다(롬 5:9-10).

〔8-9절〕 . . . 이것이 너희에게서 난 것이 **아니요 하나님의 선물이라**[선물임이니라]. **행위에서** 난 것이 **아니니 이는 누구든지 자랑치 못하게 함이니라.**

'이것'(투토 τοῦτο)은 '구원 얻은 사실'을 말한다. 구원은 우리 속에서 나온 것이 아니고 하나님의 선물이다. 그것은 사람의 행위에서 난 것이 아니기 때문에, 아무도 자랑하지 못한다. 성도의 미래의 영광은 주 예수 그리스도께서 십자가 위에서 핏값으로 사신 구속(救贖)으로 말미암아 하나님의 은혜로 값없이 얻게 되는 것이다(롬 8:30).

〔10절〕 우리는 그의 만드신 바라. 그리스도 예수 안에서 선한 일을 위하여 지으심을 받은 자니 이 일은 하나님이[께서] 전에 예비하사 우리로 그 가운데서 행하게 하려 하심이니라.

하나님께서 우리를 구원하신 목적은 선한 일들을 위해서다. 디도서 2:14, "그가 우리를 대신하여 자신을 주심은 모든 불법에서 우리를 구속하시고 우리를 깨끗하게 하사 선한 일에 열심하는 친백성이 되게 하려 하심이니라." 하나님의 뜻은 우리가 선하게 사는 것이다.

본문의 교훈을 정리해보자. 첫째로, 하나님께서는 죄로 죽었던 우리의 영혼을 살려주셨다. "너희의 허물과 죄로 죽었던 너희를 살리셨도다." 요한복음 3:5, "[예수께서 대답하시되] 사람이 물과 성령으로 나지 아니하면 하나님 나라에 들어갈 수 없느니라." 디도서 3:4-5, "우리 구주 하나님의 자비와 사람 사랑하심을 나타내실 때에 우리를 구원하시되 우리의 행한 바 의로운 행위로 말미암지 아니하고 오직 그의 긍휼하심을 좇아 중생(重生)의 씻음과 성령의 새롭게 하심으로 하셨나니."

둘째로, 우리는 하나님의 크신 긍휼과 은혜로, 오직 믿음으로 구원을 얻었다. 8-9절, "너희가 그 은혜를 인하여 믿음으로 말미암아 구원을 얻었나니 이것이 너희에게서 난 것이 아니요 하나님의 선물이라. 행위에서 난 것이 아니니 이는 누구든지 자랑치 못하게 함이니라." 예수 그리스도의 십자가 대속의 죽음이나 우리가 예수님 믿고 구원 얻은 일이 다 하나님의 전적인 은혜이다. 우리는 이 귀한 복을 감사해야 한다.

셋째로, 구원의 목적은 우리가 선한 일을 위해 살게 하시기 위함이다. 디도서 2:14, "그가 우리를 대신하여 자신을 주심은 모든 불법에서 우리를 구속(救贖)하시고 우리를 깨끗케 하사 선한 일에 열심하는 친 백성이 되게 하려 하심이니라." 우리는 하나님의 은혜의 구원을 말하면서 자신의 나태함을 정당화해서는 안 된다. 우리는 성경에 계시된 하나님의 계명들을 순종하되, 늘 하나님을 경외하며 경건하게 살고, 거룩하고 의롭고 선하게 살며, 영혼 구원의 전도와 참 교회 건립도 힘써야 한다.

11-22절, 하나님과 화목케 하심

〔11-12절〕 그러므로 생각하라. 너희는 그때에 육체로 이방인이요 손으로 육체에 행한 할례당이라 칭하는 자들에게 무할례당이라 칭함을 받는 자들이라. 그때에 너희는 그리스도 밖에 있었고[그리스도와 상관이 없었고] **이스라엘 나라 밖의 사람이라. 약속의 언약들에 대하여 외인(外人)이요 세상에서 소망이 없고 하나님도 없는 자이더니.**

"그러므로 생각하라"는 말씀은, 죄와 허물로 죽었던 자가 하나님의 크신 사랑으로 살았고 구원을 얻었으므로, 과거의 신분과 상태가 어떠했으며 거기로부터 어떻게 현재의 신분과 상태로 구원을 얻었는지 기억하라는 것이다. 그러면 에베소 교인들은 과거에 구원 얻기 전에 어떤 신분과 상태에 있었는가? 본문은 그들의 구원 얻기 전의 신분과 상태를 일곱 가지로 표현한다.

첫째로, 그들은 '육체로 이방인'이었다. '이방인'이라는 말은 하나님의 특별한 사랑을 받지 못했고 하나님에 대한 지식도, 하나님을 경외함도 없는 자들을 가리킨다. 우리는 과거에 다 이방인이었다.

둘째로, 그들은 전에는 '손으로 육체에 행한 할례당이라 칭하는 자들에게 무할례당이라 칭함을 받는 자들'이었다. 무할례당은 '할례 받지 못한 자들'이라는 뜻이다. 무할례는 하나님의 특별한 사랑과 언약과 상관없음을 나타낸다. 우리는 과거에 다 무할례자이었다.

셋째로, 그들은 그때에는 '그리스도 밖에' 있었다. 그리스도께서는 구약 백성에게 성경에 예표되고 예언된 구주이셨다. 그들은 성막과 제사 제도에 예표되어 있는 그리스도의 은혜로 구원을 얻었다. 그러나 이방인들은 그리스도 밖에 있었다. '밖에'라는 원어(코리스 χωρὶς)는 '상관없이'라는 뜻이다. 이방인들은 그리스도와 상관없는 상태에 살고 있었다. 그들에게는 구주가 없었다. 그들은 구주를 알지 못했고 그의 은혜를 받지 못했다. 우리는 과거에 다 그리스도 밖에 있었다.

넷째로, 그들은 '이스라엘 나라 밖의 사람들'이었다. 이스라엘 백성은 하나님의 언약 백성이요 선민(選民)이었다. 하나님께서는 이스라엘 나라를 사랑하셨고 그 백성을 긍휼히 여기셨다. 그 나라에는 선지자들과 하나님의 말씀이 있었고 하나님께서 정하신 규례들이 있었고 하나님의 구원의 은혜가 있었다. 이스라엘 백성은 하나님의 특별한 사랑을 받은 자들이었다. 그러나 이방인들은 하나님의 은혜와 말씀과 규례 밖에 있었다. 그들은 하나님의 구원과 영생의 복과 상관이 없고 그 복을 알지 못하는 자들이었다. 우리가 과거에 그러하였다.

다섯째로, 그들은 과거에 '약속의 언약들에 대해 외인(外人)'이었다. '약속의 언약들'이란 하나님께서 아브라함과 이삭과 야곱 등에게 약속하셨던 복을 말한다. 그 핵심적 내용은 하나님께서 그들의 하나님이 되시고 그들이 하나님의 백성이 되는 것이었다(창 17:7-8; 렘 30:22; 31:33; 겔 11:20; 14:11; 36:28). 그것은 또 영생과 평안의 복을 포함한다(신 5:33; 잠 3:16-18). 할례는 그 하나님의 약속의 표이었다. 할례 없는 이방인들에게는 그런 복이 주어지지 않았다. 우리는 과거에 이와 같이 하나님의 언약들에 대해 외인(外人)이었다.

여섯째로, 그들은 구원 얻기 전에 '세상에서 소망이 없었던 자들'이었다. 세상 사람들은 인생의 늙음과 쇠잔함, 질병들과 죽음 등 인생의 허무함을 극복할 소망이 없다. 과거에 우리는 이와 같이 슬픔이 많은 인생, 허무한 인생일 뿐이었다.

일곱째로, 그들은 전에 '하나님도 없는 자'이었다. 그들은 살아계시고 참되신 하나님을 알지 못했다. 신(神)에 대한 약간의 의식이 없지 않았으나, 그들은 헛된 우상들을 신(神)인 줄 알고 섬겼다. 그들은 그 헛된 우상들을 의지하고 바랐던 자들이었다. 하나님을 아는 것이 참 지식의 시작이지만, 이전의 그들은 참 하나님을 알지 못하고 영적인 무지와 흑암 속에 살던 자들이었다. 따라서 그들은 하나님의 도우심이나 돌보심도 받지 못했다. 과거의 우리가 바로 그러하였다.

〔13절〕 **이제는 전에 멀리 있던 너희가 그리스도 예수 안에서 그리스도의 피로 가까워졌느니라.**

'이제'는 구원 얻은 후를 가리킨다. '전에 멀리 있었다'는 말은 구원 얻기 전에 하나님으로부터 또 하나님의 백성으로부터 멀리 떨어져 있었다는 뜻이다. 그러나 구원 얻은 후 이제는 예수 그리스도의 중보사역을 통해, 즉 그가 십자가에 달려 흘리신 피로 이루신 속죄사역을 통해 하나님과 가까워졌고 그와 교제를 나누며 하나님의 백성이 되어 영원한 생명과 평안을 누리게 되었다. 이것이 구원이다.

〔14-15절〕 [이는] **그는 우리의 화평이신지라**[화평이심이니라]. **둘로 하나를 만드사 중간에 막힌 담을 허시고 원수된 것 곧 의문(儀文)**[율법 조문] **에 속한**[규례들로 된] **계명의 율법을 자기 육체로 폐하셨으니 이는 이 둘로 자기의 안에서 한 새 사람을 지어 화평하게 하시고.**

이방인인 에베소 사람들이 이스라엘 백성과 가까워진 이유는 예수 그리스도께서 그들의 화평이 되셔서 유대인과 이방인을 하나로 만드셨기 때문이다. 그는 그들을 구별하는 '중간에 막힌 담'을 허무셨다. 이제 신약교회 안에서 유대인과 이방인의 영적 특권의 차이는 없다. 하나님께서는 진실히 그를 부르는 자들을 차별 없이 받으신다.

이방인은 우상숭배적이고 부도덕하므로, 과거에 유대인은 이방인에 대해 정죄하는 마음을 가지고 있었다. 이러한 적대 관계는 의문(儀文) 곧 율법 조문에 근거한 것이었다. 특히 구약의 의식법들, 예를 들어, 성막이나 제사들이나 절기들 그리고 정(淨), 부정(不淨)의 음식들 등에 대한 법들은 다 이방인과 유대인을 구별시키는 법들이었다.

그러나 예수께서 십자가에 죽으심으로 의식법들은 다 성취되었고 따라서 그 법들은 신약 아래서 폐지되었다. 예수 그리스도께서는 이제 유대인과 이방인, 이 둘로 자신 안에서 한 새 사람을 지어 화평하게 하셨다. 이제는 유대인의 교회가 따로 없고 이방인의 교회가 따로 없다. 이제는 둘을 다 포함하는 한 교회가 있을 뿐이다. 신약교회는 세계적 단체이며 신약교회 안에서 유대인과 이방인은 적대 관계가 아니고 그리스도 안에서 화목케 된 관계가 되었다.

〔16-18절〕 또 십자가로 이 둘을 한 몸으로 하나님과 화목하게 하려 하심이라. 원수된 것을 십자가로 소멸하시고 또 오셔서 먼데 있는 너희에게 평안을 전하고 **가까운 데 있는 자들에게 [평안을] 전하셨으니 이는 저로 말미암아 우리 둘이 한 성령[님] 안에서 아버지께 나아감을 얻게 하려 하심이라.**

하나님과 사람들은 원수와 같은 상태에 있었다. 이방인들은 물론이고, 유대인들도 그러했다. 성경은 유대인들이 이방인들 못지 않게 우상숭배적이고 부도덕하였음을 증거한다. 하나님께서는 죄인들을 미워하셨고 죄인들도 하나님께로 나오기를 꺼려하고 하나님을 싫어하고 멀리 떠나갔다. 그러나 예수 그리스도의 사역은 유대인과 이방인을 화목케 하시며 그 둘을 하나님과 화목케 하셨다(롬 5:10).

'먼데 있는 너희'는 이방인들을 가리키고, '가까운 데 있는 자들'은 유대인들을 가리킨다. 예수께서는 유대인이나 이방인이나 막론하고 모두들에게 평안의 복음, 화목의 복음을 전하셨다. 그러므로 하나님의 은혜로 구원 얻은 자들은 이제 다 함께 예수 그리스도로 말미암아 한 성령님 안에서 아버지 하나님께 나아간다. 그들은 한 성령님을 받고 한 성령님 안에서 그의 위로와 권면을 받으며 하나님을 섬긴다.

〔19절〕 그러므로 이제부터 너희가 외인도 아니요 손[나그네]**도 아니요 오직 성도들과 동일한 시민**[성도들의 동료 시민]**이요 하나님의 권속**[가족]**이라.**

주 예수님을 믿는 이방인들은 이제 외인이 아니고 유대인 성도들의 동료 시민이며 하나님의 가족이 되었다. 즉 신약교회는 이스라엘 민족과 이방 민족들을 다 포함하는 세계적인 교회가 되었다.

〔20절〕 너희는 사도들과 선지자들의 터 위에 세우심을 입은 자라. 그리스도 예수께서 친히 모퉁이 돌이 되셨느니라.

신약교회의 기초는 사도들과 선지자들, 즉 그들이 증거한 예수 그리스도의 진리이다. 또 예수 그리스도께서는 친히 모퉁이 돌이 되셨다. '모퉁이 돌'은 건물을 구성하는 모든 돌들의 기준이 되는 기초석이다. 그것은 건물을 결합시키고 지탱하는 역할을 한다.

〔21-22절〕 그의 안에서 건물마다[건물 전체가](KJV, NASB, NIV) **서로 연결하여 주 안에서 성전이 되어 가고 너희도 성령**[님] **안에서 하나님의 거하실 처소가 되기 위하여 예수**[님] **안에서 함께 지어져 가느니라.**

교회의 목표는 하나님의 거하실 성전이 되어 가는 것이다. 신자들은 예수 그리스도 안에서 건물 전체가 서로 연결되듯이 성전이 되어 가고 있다. 우리는 성령 안에서 하나님의 거하실 처소가 되기 위해 예수 그리스도 안에서 함께 지어져 가고 있다. '성전이 되어 간다'는 말은 두 가지 측면에서 이해할 수 있다. 첫째는 전도요, 둘째는 개인의 성화이다. 전도는 성전 건립의 일이다. 한 명의 택한 영혼이 돌아오는 것은 건물의 벽돌 한 장이 쌓이는 것과 같다. 모든 택자들이 다 돌아올 때 이 성전 공사는 완공될 것이다. 그러나 성도 개인의 영적 성장 즉 성화(聖化)도 필요하다. 성도는 구주 예수를 믿음으로 구원 얻었을 때 이미 법적으로는 완전한 의를 받았으나(고전 1:30; 롬 3:23, 24; 10:4), 이 땅에 사는 동안 그 구원과 그 의를 그의 삶 속에서 나타내어야 한다. 구원 얻은 성도들은 그들의 인격과 삶 속에서 하나님과 동행함과 섬김을 그리고 의롭고 선하고 진실함을 나타내어야 한다.

본문의 교훈을 정리해보자. 첫째로, 우리는 우리가 구원을 얻기 전 상태를 잊지 말아야 한다. 우리는 이방인들이었다. 우리는 할례도 없는 자들이었다. 우리는 그리스도 밖에 있었고 이스라엘 나라 밖에 있었다. 우리는 하나님의 약속의 언약들에 대해 외인이었다. 우리에게는 내세의 소망이 없었고 영생과 부활과 천국의 소망도 없었다. 우리는 하나님 없이 살았었다. 그러나 하나님께서는 그런 우리를 구원하셨다. 우리는 우리의 과거의 상태를 잊지 말아야 한다. 우리는 하나님께서 어떤 우리를 구원해주셨는지, 그의 놀라운 구원의 은혜를 잊지 말아야 한다.

둘째로, 우리는 구원 얻은 현재의 새 상태를 잊지 말아야 한다. 우리는 이제 하나님의 백성이 되었다. 우리는 더 이상 이방인들이 아니고 외인들이 아니다. 우리는 하나님의 거룩한 백성들의 동료 시민이다. 우리는 하나님의 권속 즉 가족이 되었다. 19절, “그러므로 이제부터 너희가 외인도 아니요 손도 아니요 오직 성도들의 동료 시민이요 하나님의 가족들이라.” 요한복음 1:12, “영접하는 자 곧 그 이름을 믿는 자들에게는 하나님의 자녀가 되는 권세를 주셨으니.” 베드로전서 2:9, “오직 너희는 택하신 족속이요 왕 같은 제사장들이요 거룩한 나라요 그의 소유된 백성이니.” 또 우리는 하나님께서 거하시는 거룩한 집이 되었다. 물론, 이 집은 지금도 건축 중이다. 이것은 개인적인 성화에 있어서도 그러하고 전체 교회적인 면에서도 그러하다. 하나님께서 택하신 자들은 남김없이 다 구원을 얻을 것이다. 우리는 하나님의 거룩하고 존귀한 백성이 되었고 또 성령의 전, 곧 하나님의 성전이 된 것을 잊지 말아야 한다.

셋째로, 우리는 이 모든 일이 우리 구주 예수 그리스도로 말미암은 것임을 깨닫고 항상 하나님께 감사해야 한다. 교회의 기초는 사도들과 선지자들이 증거한 예수 그리스도이시다. 또 예수 그리스도께서는 친히 교회의 모퉁이 돌이 되셨다. 우리는 예수 그리스도로 말미암아 그의 피로 구속(救贖)함을 얻었다. 우리는 예수 그리스도 안에서(21절), 주 안에서(21절), 성령님 안에서(22절), 예수님 안에서(22절) 구원 얻었고 하나님의 성전이 되어 가고 있다. 우리가 얻은 구원은 오직 예수 그리스도로 말미암은 것이다. 유대인들과 이방인들은 예수 그리스도 안에서 그의 피로 가까워졌고 한 새 사람을 이루어 하나님과 화목하게 되었다. 예수 그리스도께서는 유대인들과 이방인들이 하나같이 하나님과 화목하게 하셨다. 그는 하나님과 원수 되고 서로 원수 되었던 우리를 화목케 하셨다. 우리는 이 하나님의 은혜를 감사하며 개인의 성화(聖化)를 위해서와 남은 택자 한 사람의 구원을 위해서 더욱 힘써야 한다.

3장: 교회의 세계성

1-13절, 하나님의 은혜의 계획

〔1절〕 이러므로 그리스도 예수의 일로 너희 이방을 위하여 갇힌 자된[너희 이방인들을 위해 그리스도 예수의 죄수가 된](KJV, NASB) **나 바울은.**

'이러므로'라는 말은 이방인들에게 주신 하나님의 은혜, 즉 이방인들과 유대인들이 한 새 사람을 이루어 하나님과 화목하여 하나님께 나아가게 되었고 하나님 나라의 시민이요 하나님의 가족이 되었고 하나님의 거하실 성전이 되어가는 은혜 때문에라는 뜻이다. 이 은혜 때문에, 바울은 이방인들을 위해 예수 그리스도의 사도가 되었고 그들을 위해 일하다가 옥에 갇힌 그리스도 예수의 죄수가 되었다.

〔2-4절〕 너희를 위하여 내게 주신 하나님의 그 은혜의 경륜(오이코노미아 οἰκονομία)[직무(NASB), 경영(NIV), 계획]**을 너희가 들었을 터이라. 곧 계시로 내게 비밀을 알게 하신 것은 내가 이미 대강 기록함과 같으니 이것을 읽으면 그리스도의 비밀을 내가 깨달은 것을 너희가 알 수 있으리라.**

사도 바울은 이방인들과 유대인들이 그리스도 안에서 하나가 되어 하나님의 성전이 되는 것을 '비밀'이라고 말한다. 그것은 구약 백성들에게는 감취어 있었던 내용이었다. 물론 구약시대에도 이방인들의 구원은 암시되어 있었다(창 12:3; 시 117:1). 그러나 구약시대에 유대인들은 아무도 이방인들에게 이렇게 큰 은혜가 주어질 것을 기대하거나 상상하지 못했다. 그것은 비밀이었다. 그러나 그 놀라운 사실이 하나님의 계시로 사도 바울에게 알려졌고 다른 사도들에게도 알려졌다. 바울이 예수 그리스도께서 유대인들뿐 아니라 또한 이방인들을 위해서도 은혜의 구주가 되신다고 증거한 내용을 읽는 자마다 그가 그리스도의 비밀을 깨달았다는 사실과 그가 깨달은 그 내용을 알 수 있을 것이다. 우리도 그것을 알았다. 이미 증거한 대로, 이방인이었던 우리도 그리스도 안에서 하나님의 나라의 시민과 하나님의 가족이 되었다. 이것은 하나님의 놀라운 은혜의 복이며 특권이다.

〔5절〕 이제 그의 거룩한 사도들과 선지자들에게 성령[님]으로 나타내신 것같이 다른 세대에서는 사람의 아들들에게 알게 하지 아니하셨으니.

여기의 '선지자들'은 2:20과 4:11에도 나오는 말로 신약시대의 선지자들을 가리킨다. 그들은 사도들과 함께 성령의 감동으로 하나님의 말씀을 받았던 자들이었다. 사도 바울이 받고 깨달은 예수 그리스도의 비밀 곧 이방인들에게도 함께 주신 은혜의 복음 진리는 바울 뿐만 아니라, 또한 그리스도의 거룩한 사도들과 선지자들에게도 성령으로 계시된 것이었다. 그러나 이 비밀의 진리는 구약시대에는 하나님께서 사람들에게 알리지 않으셨던 진리이었다. 예수 그리스도의 복음 안에서 계시된 교회의 세계성의 진리 곧 교회가 유대인들만의 교회가 아니고 또한 이방인들도 참여하는 교회라는 진리는, 구약성경에 암시된 바는 있지만(창 12:3; 22:18; 시 117:1; 사 45:22), 밝히 드러나 있지는 않았던 바이었다. 그 사실은 구약시대에는 비밀과 같았다.

〔6절〕 이는 이방인들이 복음으로 말미암아 그리스도 예수 안에서 함께 후사[상속자]가 되고 함께 지체가 되고 함께 약속에 참여하는 자가 됨이라.

사도 바울은 예수 그리스도의 비밀의 내용을 다시 말한다. 즉 그것은 이방인들이 복음으로 말미암아 예수 그리스도 안에서 하나님의 은혜의 복에 함께 참여하는 것이다. 이방인 신자들은 유대인 신자들과 함께 후사가 되고 함께 지체가 되고 함께 약속에 참여하는 자가 되었다. 이것은 이방인들 편에서 볼 때 놀라운 은혜가 아닐 수 없다. 그러므로 이 비밀이 계시된 신약시대에는 유대인들이 이방인들보다 더 나은 조건을 가지지 않는다. 이제는 모두가 예수 그리스도 안에서 동등한 특권을 누린다. 이방인들은 유대인들보다 조금도 부족함이 없이 예수 그리스도 안에서 함께 기업을 이어받는 자들이 되고, 함께 그리스도의 몸의 지체들이 되고, 또 함께 복된 약속 곧 부활과 영생과 천국 기업의 약속에 참여하는 자들이 되는 것이다.

〔7절〕 이 복음을 위하여 그의 능력이 역사하시는 대로 내게 주신 하나님의 은혜의 선물을 따라 내가 일꾼이 되었노라.

사도 바울은 주께로부터 이 복음을 받았고 이것을 전파하는 일꾼이 되었다. 그가 복음의 일꾼이 된 것은 하나님의 능력이 활동하시는 대로 그에게 주신 하나님의 은혜의 선물을 따라 된 일이었다. 바른 직분은 하나님의 은혜를 따라 받는다. 인위적인 직분은 덕을 세우지 못할 것이다. 그러나 은혜로 부르시고 은혜로 세움을 받은 자마다 그 동일한 은혜의 활동하심을 따라 그 직분을 감당할 수 있을 것이다.

〔8절〕 모든 성도 중에 지극히 작은 자보다 더 작은 나에게 이 은혜를 주신 것은 측량할 수 없는 그리스도의 풍성을 이방인에게 전하게 하시고.

하나님께서 이 은혜의 복음을 위해 바울을 택하신 것은 바울이 남보다 선하고 의로워서가 아니었다. 오히려 우리가 아는 대로 바울은 무지하여 하나님을 대적하고 예수님 믿는 성도들을 핍박했던 사람이었다. 그러나 이제 바울에게는 자신의 부족함에 대한 깨달음이 있었다. 그는 자신을 "모든 성도 중에 지극히 작은 자보다 더 작은 나"라고 표현한다. 이것은 단지 입술의 고백이 아니었다. 그는 자신의 과거의 실수를 깊이 회개했고 그리스도를 위한 고난에 참여하였다.

하나님께서는 이렇게 회개하고 겸손해진 자를 들어 쓰신다. 그는 교만한 자는 쓰지 않으시고 도리어 물리치신다. 자신을 크게 여기는 자는 무지하고 어리석은 자이다. 하나님의 은혜는 자신의 보잘것없음을 깨닫게 하는 것으로부터 시작된다. 바울에게 바로 이런 은혜가 임했다. 그래서 그는 오직 '측량할 수 없는 그리스도의 풍성'을 전하는 자가 될 수 있었다. 겸손한 봉사자는 그리스도의 영광을 전하며 그 영광만을 드러내는 자가 될 것이다. 그러나 교만한 자는 자기의 이름과 영광에만 관심을 둘 것이며 그리스도의 영광을 자기의 것으로 취함으로써 결국 그의 영광을 가리우는 자가 될 것이다.

〔9-11절〕 (**영원부터**) [예수 그리스도를 통하여](전통사본) **만물을 창조하신 하나님 속에** [영원부터] **감취었던 비밀의 경륜**[경영, 계획]**이 어떠한 것을 드러내게 하려** [모든 사람이 알게 하려] **하심이라. 이는 이제 교회로 말미암아 하늘에서 정사와 권세들에게 하나님의 각종 지혜를 알게 하려 하심이니 곧 영원부터 우리 주 그리스도 예수 안에서 예정하신 뜻**[목적]**대로 하신 것이라.**

9절의 '영원부터'라는 말은 '오랜 시대 동안'(NASB)이라는 뜻이며 '감취었던'이라는 말에 연결된다. '하늘에서 정사와 권세들'이라는 말은 하늘 나라에서 하나님을 수종드는 선한 천사들을 가리킨다고 본다. 그리스도의 비밀은 하늘의 천사들에게도 알려지지 않았다. 피조물들은 심지어 하나님 곁에 있는 선한 천사들이라도 하나님의 깊은 지혜를 눈치채지 못했다. 그러나 이제 교회 곧 구원 얻은 성도들을 통해 그 천사들에게도 하나님의 깊고 넓은 지혜가 알려진다.

이방인들을 포함하는 하나님의 구원의 일은 하나님께서 우리 주 그리스도 예수 안에서 예정하신 영원하신 뜻대로 된 것이다. 창세 전 곧 영원 전에 하나님께서는 우리를 그리스도 안에서 택하시고 예정하셨다(엡 1:4). 우리는 성경에 계시된 대로 하나님 아버지와 하나님의 아들 예수 그리스도의 영원 전의 의논을 상상한다. 인류의 구원을 위한 삼위일체 하나님의 영원 전의 의논과 작정대로 온 세상에 충만한 이 구원의 일이 시작되었고 진행되고 성취되고 있는 것이다.

〔12절〕 **우리가 그 안에서 그를 믿음으로 말미암아 담대함과** 하나님께 **당당히 나아감을 얻느니라.**

복음 안에서 우리 모두가 받은 은혜는 우리의 유일한 중보자 예수께서 단번에 이루신 속죄사역에 근거한 것이다. 그 은혜 때문에, 우리는 오직 그를 믿음으로 하나님께 담대히, 당당히 나아갈 수 있게 되었다. 로마서 5:1의 말씀대로, 우리는 믿음으로 의롭다 하심을 얻었기 때문에 우리 주 예수 그리스도로 말미암아 하나님으로 더불어 화평을 누릴 수 있다. 또 히브리서 10:19의 말씀대로, 우리는 주 예수의 피를 힘입어 지성소(KJV, NIV)에 들어갈 담력을 얻었다.

〔13절〕 그러므로 너희에게 구하노니 너희를 위한 나의 여러 환난[고난]**에 대하여 낙심치 말라. 이는 너희의 영광이니라.**

우리가 하나님을 믿고 하나님의 은혜의 복음을 깨달았다면, 고난의 현실을 인해 낙심치 말아야 한다. 고난은 항상 있는 것이다. 사탄과 악령들은 오늘도 우리 주위에서 활동하고 있다. 그들은 자기들의 종들을 많이 확보하고 있다. 주의 종들이 당하는 고난은 하나님께서 허용하신 것이다. 옛날부터 주의 종들은 항상 고난과 핍박을 당했다. 그러나 주께서는 그들을 고난 중에서도 지키시고 도우시고 위로하셨다. 성도의 고난과 핍박은 그에게 부끄러움이 아니고 영광이다.

본문의 교훈을 정리해보자. 첫째로, 사도 바울은 이방인들도 구원의 복을 누림을 밝히 증거하였다(6절). 우리는 예수 그리스도 안에서 이방인들에게도 값없이 주신 하나님의 풍성한 은혜를 감사해야 한다.

둘째로, 우리는 예수 그리스도의 이름으로 담대하고 당당하게 하나님께 나아가게 되었다(12절). 그것은 우리가 예수 그리스도의 대속 사역을 통해 그를 믿음으로 죄사함과 의롭다 하심과 하나님 자녀 됨의 특권을 얻었고 지금도 주 예수께서 우리를 위해 중보하시기 때문이다.

셋째로, 사도 바울은 이방인들을 위해 예수 그리스도의 죄수가 되었다(1절). 참된 헌신은 남에게 대접을 받으려 하지 않고, 오직 하나님과 그의 교회를 위해 모든 것을 드리는 것이다. 우리는 주의 구원의 은혜에 감사하여 하나님을 섬기며 예수 그리스도와 그의 교회를 위해 당하는 고난 때문에 낙심치 말고 오히려 그것을 영광으로 생각해야 한다.

넷째로, 사도 바울은 "모든 성도 중에 지극히 작은 자보다 더 작은 나"에게 그리스도의 복음을 전하는 은혜를 주셨다고 말했다(8절). 우리가 하나님의 일에 쓰임 받는 자가 되려면, 우리는 자신의 부족을 깨닫고 하나님과 사람들 앞에 자신을 낮추는 겸손한 봉사자가 되어야 한다.

14-21절, 바울의 기도와 찬송

〔14-15절〕 이러하므로 내가 하늘과 땅에 있는 각 족속에게 이름을 주신 [우리 주 예수 그리스도의](전통본문)18) **아버지 앞에 무릎을 꿇고 비노니.**

'하늘과 땅에 있는 각 족속'이라는 말씀은 '하늘과 땅에 있는 모든 가족(family)'이라는 말로서 하나님의 백성 전체를 가리키며, 하늘에 있는 가족은 이미 천국에 들어가 영광 중에 있는 성도들을 가리키고, 땅에 있는 가족은 이 세상에서 하나님을 믿고 섬기는 성도들을 가리킨다고 본다. 하늘에 들어간 이들은 승리하여 안식을 누리고 있고, 땅에 사는 우리들은 죄와 세상과 마귀와 싸우며 살고 있다. 하나님의 백성에게는 예수 그리스도의 이름이 주어져 있다. 모든 성도에게는 그리스도인이라는 이름 즉 예수 그리스도의 소유라는 이름이 있다.

무릎을 꿇고 기도하는 것은 간절한 기도의 모습이다. 사람은 누구나 부족하다. 우리의 구원은 우리 스스로 시작하였거나 우리가 이룰 수 있는 일이 아니고, 오직 하나님께서 시작하셨고 그가 친히 이루시는 일이다. 여기에 우리의 간절한 기도가 필요하다. 바울은 단지 에베소 교인들의 의지에 호소하지 않고 먼저 하나님께 간절히 기도했다. 우리의 선한 결심이나 노력은 마땅히 필요하지만, 하나님께서 은혜로 우리 속에서 일하시지 않으면 우리는 여전히 연약할 수밖에 없다. 그러므로 성도들의 신앙생활은 무엇보다 말씀과 기도의 생활이다.

〔16절〕 그 영광의 풍성을 따라 그의 성령으로 말미암아 너희 속사람을 능력으로 강건하게 하옵시며.

바울의 첫 번째 기도 내용은 그 영광의 풍성을 따라 그의 성령으로 에베소 교인들의 속사람을 능력으로 강건케 하옵소서라는 것이었다. '그 영광의 풍성을 따라'라는 말씀은 '하나님의 지혜와 능력과 은혜의 영광의 풍성을 따라'라는 뜻을 포함할 것이다. '그의 성령으로 말미암

18) Byz it[d] vg syr[p] arm Origen[lat] 등에 있음.

아'라는 말씀은 성령께서 성도들의 속사람을 강건케 하심을 보인다. 성령께서는 성도들 속에 오셔서 그들을 위로하시고 격려하시고 권면하실 뿐 아니라, 그들의 속사람을 강건케 하신다. '속사람'은 '중생한 영혼'을 가리킨다고 본다. 중생한 영혼들에 심겨진 경건하고 의롭고 선하게 살려는 새 성향은 더욱 자라고 강건케 되어야 한다.

중생한 성도들의 영혼들은 늘 죄성의 도전을 받는다. 중생한 성도는 지식과 도덕성에 있어서 아직 연약하다. 바울은 로마서에서 그것을 '육신의 연약'이라고 표현하였다. 로마서 6:19, "너희 육신이 연약하므로 내가 사람의 예대로 말하노니 전에 너희가 너희 지체를 부정(不淨)과 불법에 드려 불법에 이른 것같이 이제는 너희 지체를 의에게 종으로 드려 거룩함에 이르라." 로마서 7:18, "내 속 곧 내 육신에 선한 것이 거하지 아니하는 줄을 아노니 원함은 내게 있으나 선을 행하는 것은 없노라." 로마서 7:22-24, "내 속사람으로는 하나님의 법을 즐거워하되 내 지체 속에서 한 다른 법이 내 마음의 법과 싸워 내 지체 속에 있는 죄의 법 아래로 나를 사로잡아 오는 것을 보는도다. 오호라, 나는 곤고한 사람이로다. 이 사망의 몸에서 누가 나를 건져내랴." 로마서 8:3-8, "율법이 육신으로 말미암아 연약하여 할 수 없는 그것을 하나님께서는 하시나니 곧 죄를 인하여 자기 아들을 죄 있는 육신의 모양으로 보내어 육신에 죄를 정하사 육신을 좇지 않고 그 영[성령님]을 좇아 행하는 우리에게 율법의 요구를 이루어지게 하려 하심이니라. 육신을 좇는 자는 육신의 일을, 영[성령님]을 좇는 자는 영[성령님]의 일을 생각하나니 육신의 생각은 사망이요 영[성령님]의 생각은 생명과 평안이니라. 육신의 생각은 하나님과 원수가 되나니 이는 하나님의 법에 굴복치 아니할 뿐 아니라 할 수도 없음이라. 육신에 있는 자들은 하나님을 기쁘시게 할 수 없느니라." 중생한 자에게도 남아 있는 이 육신의 연약성 곧 죄성은 중생한 사람의 속사람에게 도전한다. 이것은 사람 본성의 타고난 죄악성의 도전이다. 그러나 중생한 성도들에게 이런 연약성이 있음에도 불구하고, 하나님께서는 성령으로 말미암아 우리의 속사람을 능력으로 강건케 하셔서 지식과 믿음, 의와 선과 진실에 굳게 서게 하시는 것이다.

중생한 사람은 갓난아이 같아서 자라가야 한다. 히브리서는, '젖이나 먹고 단단한 식물을 못 먹는' 영적 어린아이 곧 기독교의 초보적 교리의 믿음을 겨우 가진 성도들과, '단단한 식물을 먹는' 영적으로 장성한 자 곧 의의 말씀을 체험하고 선악을 분별하며 완전한 데로 나아가는 성도들을 대조시켰다(히 5:12-13). 또 히브리서 6:1-3은, "우리가 그리스도 도의 초보를 버리고 죽은 행실을 회개함과 하나님께 대한 신앙과 세례들과 안수와 죽은 자의 부활과 영원한 심판에 관한 교훈의 터를 다시 닦지 말고 완전한 데 나아갈지니라. 하나님께서 허락하시면 우리가 이것을 하리라"고 말했다. 사도 베드로도 베드로전서 2:2에서 갓난아이들같이 순수한 말씀의 젖을 사모함으로 자라가야 할 것을 가르쳤고 베드로후서에서는 "우리 주 곧 구주 예수 그리스도의 은혜와 저를 아는 지식에서 자라가라"고 말했다(3:18).

〔17-19절〕 믿음으로 말미암아 그리스도께서 너희 마음에 계시게 하옵시고 너희가 사랑 가운데서 뿌리가 박히고 터가 굳어져서 능히 모든 성도와 함께 지식에 넘치는 그리스도의 사랑을 알아 그 넓이와 길이와 높이와 깊이가 어떠함을 깨달아 하나님의 모든 충만하신 것으로 너희에게 충만하게 하시기를 구하노라.

바울의 기도의 두 번째 내용은 믿음으로 말미암아 그리스도께서 에베소 교인들의 마음에 계시게 하옵소서라는 것이다. 주 예수께서는 "내가 세상 끝날까지 너희와 항상 함께 있으리라"고 약속하셨다(마 28:20). 구원 얻은 성도들은 이미 그리스도와 영적으로 연합되어 있다. 그리스도의 영께서는 그들 속에 거하신다. 로마서 8:9, "만일 너희 속에 하나님의 영이 거하시면 너희가 육신에 있지 아니하고 영에 있나니 누구든지 그리스도의 영이 없으면 그리스도의 사람이 아니라." 그러나 성도는 그와 연합되어 있음을 믿음과 순종으로 표현해야 하며 체험해야 한다. 요한복음 15:4, "내 안에 거하라. 나도 너희 안에 거하리라. 가지가 포도나무에 붙어 있지 아니하면 절로 과실을 맺을 수 없음같이 너희도 내 안에 있지 아니하면 그러하리라." 성령께서 우리 안에 항상 계심은 예수 그리스도께서 우리 안에 계심과 같다. 예수님 믿는 우리는 그가 성령으로 우리 속에 늘 계심을 믿어야 한다.

바울의 기도의 세 번째 내용은 사랑 가운데 굳게 서서 그 사랑을 온전히 알아 충만한 사랑의 사람이 되게 하옵소서라는 것이다. 우리가 알아야 할 사랑은 하나님의 크신 구속(救贖)의 사랑이다. 하나님께서는 죄 많은 이 세상을 사랑하셔서 독생자를 보내주셨고 십자가에 희생시키셨다(요 3:16). 우리가 아직 죄인되었을 때 그리스도께서 우리를 위해 죽으심으로 하나님께서는 우리에게 대한 자기의 사랑을 확증하셨다(롬 5:8). 우리에게 필요한 것은 하나님의 사랑을 깨닫고 하나님을 사랑하고 또 서로 사랑하는 것이다.

사도 바울은 그들이 "사랑 가운데서 뿌리가 박히고 터가 굳어지기"를 구했다. 성도는 하나님의 사랑을 조금 아는 것으로 충분하지 않다. 성도는 하나님의 구속(救贖)의 사랑을 깊이 깨닫고 예수 그리스도의 속죄의 복음을 확실히 믿고 그 사랑 가운데 확고하게 서야 한다.

바울은 또 모든 성도들이 예수 그리스도의 사랑의 넓이와 길이와 높이와 깊이가 어떠함을 깨달아 하나님의 모든 충만하심으로 충만하게 되기를 기도하였다. '그 넓이'란 그 사랑이 각 민족, 각 나라에서 남녀노소, 빈부귀천, 유무식을 막론하고 주어짐을 보이며, 그 '길이'란 아버지께서 주신 자들을 그가 끝까지 사랑하심을 보이며, 그 '높이'란 그의 자기희생적 사랑의 고상함과 가치를 보이며, 또 그 '깊이'란 그의 사랑의 심오함, 곧 사람의 머리로 다 측량할 수 없고 사람의 가슴으로 다 느낄 수 없는 그의 긍휼의 사랑을 보인다.

하나님의 사랑은 예수 그리스도를 통해 나타났다. 그것은 자신을 속죄제물로 십자가에 내어주신 예수 그리스도의 사랑이다. 그것은 '지식에 넘치는' 사랑이다. 주 예수 그리스도께서는 실제로 자신의 몸과 자신의 생명을 우리를 위해 십자가에 내어주셨다. 그것은 이론이 아니고 실제이었다. 누가 그 사랑을 다 깨달을 수 있겠는가?

〔20-21절〕 우리 가운데서 역사[활동]하시는 능력대로 우리의 온갖 구하는 것이나 생각하는 것에 더 넘치도록 능히 하실 이에게 교회 안에서(와) 그리스도 예수 안에서 영광이 대대로 영원 무궁하기를 원하노라. 아멘.

우리는 우리가 구하거나 생각하는 것 이상으로 우리에게 넉넉히 주시는 하나님, "후히 주시고 꾸짖지 아니하시는 하나님"께(약 1:5) 교회 안에서, 그리스도 예수 안에서 영광을 영원히 돌려야 할 것이다.

본문의 교훈을 정리해보자. 첫째로, 사도 바울은 하나님께서 성령님으로 우리의 속사람을 능력으로 강건케 하시기를 기도했다. 성령께서는 우리의 속사람을 능력으로 강건케 하실 수 있다. 그래야 우리는 우리의 죄성을 이기고 온전한 사람이 되고 하나님께 영광을 돌릴 수 있다.

둘째로, 사도 바울은 예수 그리스도께서 우리가 믿을 때 우리 마음 속에 계시기를 기도했다. 주 예수께서는 성령님으로 우리 마음 속에 계신다. 우리는 우리 속에 계신 주님을 항상 인정하고 의지하며 살아가야 한다. 고린도후서 13:5, "예수 그리스도께서 너희 안에 계신 줄을 너희가 스스로 알지 못하느냐? 그렇지 않으면 너희가 버리운 자니라."

셋째로, 사도 바울은 사랑 가운데서 뿌리가 박히고 터가 굳어져 그리스도의 사랑의 넓이와 길이와 높이와 깊이를 알고 사랑으로 충만한 자가 되기를 기도했다. 우리는 하나님의 사랑과 주 예수 그리스도의 사랑 때문에 구원을 얻었다. 그러므로 우리는 예수 그리스도의 사랑의 넓이와 길이와 높이와 깊이를 알고 사랑으로 충만한 자가 되어야 한다.

4장: 교회의 일체성

1-6절, 겸손, 사랑, 연합

〔1절〕 그러므로 주 안에서 갇힌 내가 너희를 권하노니 너희가 부르심을 입은 부름에 합당하게 행하여.

'그러므로'라는 말은 '너희가 하나님의 은혜로 부르심을 받고 구원을 얻었으므로'라는 뜻이라고 본다. '주 안에서 갇힌 내가'라는 말은 바울이 주를 위해 또 이방인들을 위해 일하다가 옥에 갇힌 자로 말하고 있음을 보인다. '권한다'는 말은 권위적으로 명하는 것이 아니고 사랑과 긍휼의 마음을 가지고 부드럽게 말함을 나타낸다. 바울은 에베소 교인들에게 "너희가 부르심을 입은 부름에 합당하게 행하라"고 권면한다. 우리가 죄악된 세상 속에서 죄악된 삶을 살고 있었을 때 하나님께서는 우리를 부르셨고 우리에게 죄사함과 의롭다 하심을 주셨다. 이것이 구원이다. 그는 단지 전도자의 음성을 통해 부르신 것이 아니고 우리로 죄를 깨닫고 뉘우치게 하셨고 하나님과 예수님을 알고 믿게 하셨다. 이제 우리는 하나님의 그 부르심에 합당하게 행해야 한다. 그것은 죄를 멀리하고 경건하고 의롭고 선하게 사는 것이다.

〔2절〕 모든 겸손과 온유로 하고 오래 참음으로 사랑 가운데서 서로 용납하고.

사도 바울은 에베소서 4-5장에서 하나님의 부르심에 합당한 삶이 사랑과 거룩의 삶임을 증거한다. 그는 본절에서 하나님의 부르심에 합당한 삶을 겸손과 온유와 인내와 사랑의 삶으로 표현한다.

우선, 우리는 모든 겸손과 온유로 행해야 한다. '모든 겸손'이라는 말은 모든 면에서 또 항상 겸손해야 한다는 뜻이라고 본다. 우리는 과거에 죄로 인하여 죽었던 자이었고 오직 하나님의 긍휼과 은혜로 구원 얻었기 때문에 하나님과 사람 앞에서 겸손해야 한다. 나의 나된 것은 오직 하나님의 은혜이다. 그러므로 복음 진리를 깨달은 자라면 겸손하지 않을 수 없다. 사실, 겸손은 예수 그리스도의 덕이다. 예수께서는 "나는 마음이 온유하고 겸손하니 나의 멍에를 메고 내게 배우라"고 말씀하셨다(마 11:29). 사도 바울은 빌립보서 2:6-8에서 하나님과 동등 되신 주께서 자신을 낮추어 사람이 되셨고 속죄제물로 죽으셨으므로 우리는 그의 겸손의 마음을 품어야 한다고 교훈하였다.

또 우리는 오래 참음으로 사랑 가운데서 서로 용납해야 한다. 오래 참는 것은 사랑의 속성이다. 고린도전서 13:4, 7, "사랑은 오래 참고," "모든 것을 참으며 . . . 모든 것을 견디느니라." 조급한 사랑은 부족한 사랑이다. 사랑은 오래 참고 기다린다. 우리는 상대방의 부족과 허물을 덮어주고 오래 참아야 한다. 잠언 10:12, "미움은 다툼을 일으켜도 사랑은 모든 허물을 가리우느니라." 잠언 17:9, "허물을 덮어 주는 자는 사랑을 구하는 자요 그것을 거듭 말하는 자는 친한 벗을 이간하는 자니라." 베드로전서 4:8, "무엇보다도 열심으로 서로 사랑할지니 사랑은 허다한 죄를 덮느니라." 하나님께서는 오래 참으심과 사랑으로 우리를 용납하셨다. 누가복음 15장의 잃은 아들의 비유에서 그 아들을 오래 기다리며 참으며 용납했던 아버지처럼 하나님께서는 우리를 참으시며 용납하셨다. 그러므로 우리는 하나님을 본받아 상대방의 부족과 허물을 덮어주고 오래 참고 사랑으로 용납해야 한다.

〔3절〕 평안의 매는 줄로 성령[님]의 하나 되게 하신 것을 힘써 지키라.

또 우리는 평안의 매는 줄로 성령님의 하나 되게 하심을 힘써 지켜야 한다. '평안'은 '화평'이라고도 번역된다. 인간 관계에 있어서 불화와 분열은 좋지 않다. 하나님의 뜻은 일치와 연합이다. 사도 바울은 갈라디아서 5:20에서 육신의 죄성에서 나오는 죄악들로 원수 맺는 것과 분쟁과 시기와 분냄과 당 짓는 것과 분리함 등을 말하였다. 요한

일서 3:15는 형제를 미워하는 것이 살인하는 것이라고 말했다.

'성령님의 하나 되게 하신 것(헤노테스 ἑνότης)'이라는 말은 '성령님의 하나이심'이라는 말인데, '성령님의 하나 되게 하신 것'이라는 뜻을 내포할 것이다. 성령께서는 한 분이시며 모든 성도는 그 한 성령님 안에서 한 몸이 되었고 또 한 몸이 되어야 한다. 고린도전서 12:13에서 사도 바울은 "우리가 유대인이나 헬라인이나 종이나 자유자나 다 한 성령님으로 세례를 받아 한 몸이 되었다"고 말하였다.

본문에 '힘써 지키라'는 말은 사람의 연약함을 전제한다. 성도들도 사람이며 교회도 사람들의 모임이므로 교회가 분열하기 쉽고 성도들이 교만과 욕심과 미움에 빠지기 쉽다. 그러므로 우리는 성령의 하나 되게 하신 것, 곧 교회의 일체성(一體性 unity)을 힘써 지켜야 한다. 그러나 성경이 말하는 교회의 일체성은 불신앙과 오류를 포용하는 것이 아니고, 믿음과 진리와 의 안에서의 일치와 연합이다. 사도 바울은 고린도후서 6:14에서 "너희는 믿지 않는 자와 멍에를 같이하지 말라. 의와 불법이 어찌 함께하며, 빛과 어두움이 어찌 사귀리요"라고 말하였고, 또 에베소서 5:11에서는 "너희는 열매 없는 어두움의 일에 참여하지 말고 도리어 책망하라"고 말하였다. 예수님 믿는 성도들은 바른 믿음과 진리와 의 안에서 일치하고 연합해야 한다.

〔4절〕 몸이 하나이요 성령이 하나이니[성령께서도 한 분이시니] **이와 같이 너희가 부르심의 한 소망 안에서 부르심을 입었느니라.**

'몸'은 그리스도의 몸된 교회를 가리킨다. 그리스도의 몸은 하나이다. 세상에 교회들이 많고 교파들이 많아도 또 성도가 속한 교회는 각각 달라도, 하나님께서 택하시고 예수 그리스도의 피로 구속(救贖)하시고 성령께서 인치신 자들의 모임인 교회는 하나이며 모든 성도는 그 한 교회의 교인이다. 택함 받은 죄인들은 중생과 회개와 믿음으로 이 한 몸 안으로 들어온다. 예수님을 믿는 자는 큰 죄를 짓고 회개치 않아 제명, 출교를 받기 전까지 다 그 한 몸인 교회에 속한다.

성령께서도 한 분이시다. 그는 하나님의 영이시다. 그는 예수께서 십자가에서 이루신 구속(救贖)을 택자들에게 실제로 적용하여 구원하시는 자이다. 그는 죄인들을 중생(重生)시켜 구주 예수를 믿게 하시고 그들 속에 계셔서 그들로 하여금 선하고 거룩하게 살게 하시는 자이다. 그는 모든 성도에게 보혜사 곧 위로자, 격려자, 권면자이시며 교회를 인도하시며 잘못을 책망하시고 부흥케 하시는 자이다.

이 세상에는 성령님 말고 다른 영들, 곧 사탄과 악령들이 있다. 그들이 곧 미혹의 영들, 속이는 영들, 거짓말하는 영들, 이단의 영들이다. 오늘날 은사운동에는 성령께서 하시는 일 같지 않은 많은 비진리들과 거짓된 요소들이 포용되고 있다. 성령께서는 진리의 영이시므로(요 14:17) 모든 일을 성경 교훈대로 행하신다. 그는 성경의 교훈에서 이탈하거나 성경 교훈을 넘어서거나 성경 교훈에 반대되는 일들을 하지 않으신다. 참된 성령 운동은 에스라 때의 부흥운동처럼 성경의 충실한 연구와 강해와 실천을 통해 이루어질 것이다. 성경의 건전한 해석과 실천이 없는 운동은 성령께서 행하시는 일일 수 없다.

우리의 부르심의 소망도 하나이다. 하나님께서는 우리를 미래의 소망으로 부르셨다. 우리의 소망은 예수 그리스도의 재림과, 의인들의 부활과, 새 하늘과 새 땅 곧 천국에서의 영생이다. 우리는 우리의 눈에 보이는 육신적, 물질적 부귀와 영광과 권세를 바라며 살지 않는다. 우리는 지금 우리 눈에는 보이지 않으나 장차 영광 가운데 드러날 일들을 소망하며 산다(고후 4:16-18). 예수님 믿는 모든 성도는 다 이 동일한 소망을 가지고 살고 있다. 우리의 소망은 하나이다.

〔5절〕 주도 하나이요[주께서도 한 분이시요] **믿음도 하나이요 세례도 하나이요.**

주께서도 한 분이시다. 그는 우리 주 예수 그리스도 한 분이시다. 오늘날 불신앙적 자유주의 신학자들이 말하는 예수는 성경이 증거하는 예수가 아닌 다른 예수에 불과하며 그런 예수는 우리의 주님이 아니다. 주 예수 그리스도께서는 성경에 증거되신 대로 말씀이 육신이 되셨고 처녀 마리아에게서 나셨고 많은 기적들을 행하셨고 십자가에 죽으셨고 죽으신 지 3일 만에 부활하셨고 40일 후에 승천하셨고 지금 하나님의 오른편에 계시며 장차 하늘로부터 다시 오실 것이다. 우리에게는 성경에 증거된 이 예수님 외에 다른 주님이 없다. 그는 사람들 중에 가장 아름다운 꽃과 같으시고 죄가 없고 사랑과 긍휼이 충만하신 사람이시지만, 그 이상이시다. 그는 신성(神性)을 가지셨고 우리의 경배와 찬송과 기도의 대상이 되시는 주님이시다.

믿음도 하나이다. 물론, 이단과 정통 신앙은 다르다. 천주교의 믿음과 개신교의 믿음은 다르다. 자유주의의 믿음과 보수주의의 믿음은 다르다. 역사적 기독교 신앙과 각종 이단 사설들은 다르다. 물론 개신교회들 안에도 교파들 간에 믿는 내용의 차이가 있고, 한 교파 안에서도 작은 교리적 문제에 있어서 생각의 차이가 있을 수 있다. 그러나 적어도 개신교회들 내에는 신앙의 근본적인 내용에 일치가 있다. 역사적 개신교회들은 하나님과 우리 주 예수 그리스도에 대해 일치하는 믿음의 내용을 가지고 있다. 그들은 공통적으로 성경의 절대적 권위, 하나님의 삼위일체 되심, 예수 그리스도의 성육신(成肉身)과 그의 신성(神性), 그가 처녀 마리아에게서 나심, 그의 대속, 부활, 재림 그리고 예수 그리스도의 속죄사역에 근거한 죄인들의 중생(重生)과 칭의(稱義), 마지막 심판, 죽은 자들의 부활, 영생, 천국과 지옥 등을 믿는다. 여기에 확실히 역사적 기독교회에 믿음의 일치가 있다.

세례도 하나이다. 세례는 죄씻음을 상징한다. 죄씻음은 예수 그리스도의 피로만 가능하다(요일 1:7). 그러므로 세례는 아버지와 아들과 성령의 이름으로(마 28:19) 혹은 주 예수 그리스도의 이름으로(행 2:38) 베풀어진다. 그러므로 죄씻음을 상징하고 확증하는 세례는 주 예수 그리스도의 이름으로 하는 세례밖에 없다.

〔6절〕 **하나님**[께서]**도 하나이시니 곧 만유의 아버지시라. 만유 위에** 계시고 **만유를 통일하시고**[만유로 말미암으시고] **만유**[우리 모두][19] **가운데** 계시도다.

하나님께서도 한 분이시다. 영원자존하신 참 하나님께서는 한 분뿐이시다. 그는 태초에 세상을 창조하셨고 그 세상을 홀로 섭리하신다. 그 외의 모든 신들은 다 거짓이다. 오직 한 분 하나님만 참되시다. 그는 성경과 이스라엘 역사를 통하여 자신을 계시하신 하나님이시다. '만유'는 '모든 것' 혹은 '모든 사람'을 가리킨다. 하나님께서는 만유의 원천이시며 만유 위에 초월해 계시고 만유를 통하여 일하시고 특히 예수님 믿고 구원 얻은 우리 모두 안에 거하신다.

본문의 교훈을 정리해보자. 첫째로, 우리는 하나님의 부르심에 합당하게 행하여 범사에, 항상 겸손하고 온유해야 한다. 이것은 예수 그리스도의 덕이다. 예수 그리스도께서는 마음이 온유하고 겸손하시다. 우리는 예수님의 겸손한 마음을 품어야 한다(빌 2:5-8). 이것은 성도들에게 매우 중요한 덕이며 교회의 일치와 연합을 위해서 매우 요긴한 덕이다.

둘째로, 우리는 오래 참음으로 사랑 가운데서 서로 용납해야 한다. 사랑은 오래 참는다(고전 13:4). 사랑은 상대방의 잘못과 부족을 오래 참고 그가 깨닫기를 기다려주며 그가 깨닫고 사과할 때 용서해주고 그를 용납하는 것이다. 우리는 서로에 대해 그런 인내와 사랑을 가져야 한다. 에베소서 4:32, "서로 인자하게 하며 불쌍히 여기며 서로 용서하기를 하나님께서 그리스도 안에서 너희를 용서하심과 같이 하라."

셋째로, 우리는 화평의 매는 줄로 성령님 안에서 하나됨을 힘써 지켜야 한다. 예수 그리스도의 몸된 교회는 하나이다. 우리는 한 하나님과 한 주님과 한 성령님을 믿고 섬기며 한 소망과 한 믿음을 가지고 한 세례를 받았고 한 몸이 되었다. 우리는 범사에 또 항상 겸손하며 온유하고, 오래 참고 서로 사랑하며, 화목하고 하나됨을 힘써 지켜야 한다.

---

19) Byz it^{d} vg syr^{p} arm Irenaeus$^{gr\ lat}$ 등이 그러함.

7-16절, 온전한 사람을 이루어감

〔7-8절〕 우리 각 사람에게 그리스도의 선물의 분량대로 은혜를 주셨나니 그러므로 이르기를 그가 위로 올라가실 때에 사로잡힌 자를 사로잡고 사람들에게 선물을 주셨다 하였도다.

예수 그리스도께서는 그의 몸된 교회를 완성하시기 위해 각 사람에게 다양한 은사들을 주신다. 그는 자신의 권한으로 각양의 은사를 각 사람에게 주신다. 이것은 특히 봉사의 직분에 있어서 그러하다.

사도 바울은 메시아 사역을 예언한 시편 68편의 한 구절(18절)을 인용함으로써 그 사실을 뒷받침한다. '그가 위로 올라가실 때에'라는 말은 예수 그리스도의 승천을 가리키며, '사로잡힌 자를 사로잡고'라는 말은 메시아의 원수 곧 사탄과 악령들과 죄와 사망에 대한 말씀이라고 보인다. 시편 본문은 '사람들에게서 선물을 받는다'고 표현하였으나, 오늘 본문은 '사람들에게 선물을 주셨다'고 표현했다. 이것은, 다윗이 원수들에게서 전리품들을 취해 백성들에게 나누어주었듯이, 예수 그리스도께서 사탄과 악령들과 죄와 사망을 정복하시고 자기 백성에게 성령의 은사들을 나누어주셨음을 말한 것이라고 보인다.

〔9-10절〕 올라가셨다 하였은즉 [먼저][20] **땅 아랫곳으로 내리셨던 것이 아니면 무엇이냐? 내리셨던 그가 곧 모든 하늘 위에 오르신 자니 이는 만물을 충만케 하려 하심이니라.**

'올라가셨다'는 말은 그리스도의 승천을 가리키고, '그가 먼저 땅 아랫곳으로 내리셨다'는 것은 그리스도께서 사람으로 이 땅에 오신 것을 가리키든지 그가 무덤 속에 묻히셨던 일을 가리킨다. '모든 하늘 위에 오르셨다'는 것은 그리스도께서 승천하여 들어가신 천국은 지극히 높은 하늘임을 가리킨다. 사도 바울은 고린도후서 12장에서 천국을 '셋째 하늘'이라고 표현했다(고후 12:2). 예수 그리스도께서 승천

---

20) Byz B 075 vg syr^{p} cop^{sa-mss} arm 등에 있음.

하신 목적은 '만물을 충만케 하려 하심'이었다. 그것은 하나님께서 그의 계획대로 구원을 온 세상에 충만히 이루신다는 뜻이라고 본다.

〔11절〕 그가 혹은 사도로, 혹은 선지자로, 혹은 복음 전하는 자로, 혹은 목사와 교사로 주셨으니.

주께서 교회에게 주신 가장 중요한 직분은 '사도'이었다. 그 직분은 열두 제자와 바울에게 주어진 직분이었다. 원문 신약성경에서 예외적으로 바나바도 두 번 사도로 불리었다(행 14:4, 14). 사도는 주께서 친히 세우신 자로서 복음의 선포자요 해설자이었다(롬 1:1).

'선지자'는 사도들처럼 복음 진리의 계시와 은혜를 받은 직분이었다. 사도행전 15:32의 유다와 실라는 선지자이었다. 선지자의 사역은 미래의 예언보다 현재의 교훈이었던 것 같다. 사도 바울은, 사도들과 더불어 신약시대의 선지자들을 교회의 기초라고 불렀다(엡 2:20). 이것은 사도들과 선지자들의 교훈이 교회의 기초라는 뜻이다.

'복음 전하는 자'는 빌립, 디모데, 디도 등 복음 전하는 일에 전념했던 직분을 가리킬 것이다. 초대 교회가 뽑았던 일곱 사람 중 하나인 빌립은 '전도자'로 불렸고(행 21:8), 사도 바울은 디모데에게 "전도인의 일을 하며 네 직무를 다하라"고 말하였다(딤후 4:5). 오늘날에도 전도의 특별한 사명을 느끼고 그 일에 전념하는 자들, 국내외 선교사들과 개척 전도자들이 이미 이 부류에 속할 것이라고 본다.

원문에서 '목사와 교사'라는 말(투스 포이메나스 카이 디다스칼루스 τοὺς ποιμένας καὶ διδασκάλους)에서 하나의 관사는 그것이 한가지 직분임을 보인다. '목사'라는 원어(포이멘 ποιμήν)는 '(양이나 소를 치는) 목자'라는 말로 양무리를 돌보는 자를 뜻한다.

예수 그리스도께서는 우리의 선한 목자이시다(요 10:14-16). 또 그는 베드로에게 '내 양을 치라'고 말씀하셨다(요 21:16). '치다'는 말(포이마이노 ποιμαίνω)은 '돌보다, 다스리다, 인도하다'는 뜻이다. 사도행전 20:28에 보면, 사도 바울은 에베소 장로들에게 "너희는 자기를 위하여 또는 온 양떼를 위하여 삼가라. 성령께서 저들 가운데 너희로 감독자를 삼고 하나님께서 자기 피로 사신 교회를 치게 하셨느니라"고 말했다. 오늘날 목사와 장로들은 양을 치는 직무를 수행한다.

목사를 '교사'라고 부른 것은 목사의 중요한 직무를 보인다. 목회에 있어서 설교는 가장 중요하다. 그것은 하나님의 뜻을 선포하고 모든 교리적, 윤리적 교훈을 주는 것이다. 목회는 양들을 돌아보고 성경을 충실히 가르치는 일이다. 그러므로 참 목사들은 어느 시대나 성경을 힘써 연구하고 바르게, 충실하게, 가감 없이 전하고 가르쳐야 한다.

〔12절〕 이는 성도를 온전케 하며 봉사의 일을 하게 하며 그리스도의 몸을 세우려 하심이라.

목사의 직무는 성도를 온전케 하고 봉사의 일을 하게 하고 그리스도의 몸을 세우는 것이다. '성도를 온전케 한다'는 것은 성도의 부족한 점들을 온전케 한다는 뜻이다. 성도를 온전케 하는 것은 성도의 성화(聖化)의 일이다. 성화는 지식과 도덕성에 있어서의 온전함이다. 이것은 죄로 인해 어그러진 인격을 완전케 하는 것이다. 완전 성화는 비록 불가능하지만, 성도들의 삶과 목사들의 목회의 목표이다.

우리는 이 일이 성령의 능력을 힘입어 말씀을 가르치는 일을 통해 가능하다고 본다. 우리는 오늘날도 설교와 성경공부가 사람을 온전케 하는 하나님의 방법이라고 믿는다. 디모데후서 3:16-17에서 사도 바울은 "모든 성경은 하나님의 감동으로 된 것으로 교훈과 책망과 바르게 함과 의로 교육하기에 유익하니 이는 하나님의 사람으로 온전케 하며 모든 선한 일을 행하기에 온전케 하려 함이니라"고 말했다.

목사의 직무는 또 성도들로 봉사의 일을 하게 하는 것이다. 성도들이 온전케 되면 여러 가지 봉사의 일을 하게 될 것이다. 하나님께서는 죄인들을 구원하시고 그들을 온전케 하시고 구역 권찰들과 주일학교 교사와 찬양대 등 교회의 여러 가지 일들에 쓰기를 원하신다.

목사의 직무는 또 그리스도의 몸을 세우는 것이다. 전도는 그리스도의 몸을 세우는 일이다. 한 명의 영혼이 구원 얻을 때마다 교회라는 건물의 벽돌이 한 장 쌓여져 간다. 하나님의 택한 모든 영혼들이 다 구원 얻으면 예수 그리스도의 몸된 교회는 완성될 것이다. 또 구원 얻은 성도들 개인의 성화(聖化), 곧 그들이 지식과 인격과 삶에 있어서 온전케 되는 것도 예수 그리스도의 몸을 세우는 것이다.

〔13절〕 우리가 다 하나님의 아들을 믿는 것과 아는 일에 하나가 되어 온전한 사람을 이루어 그리스도의 장성한 분량이 충만한 데까지 이르리니.

개교회와 교인들뿐 아니라, 교회 전체가 '한 온전한 사람'이 되는 것이 목사들의 사역의 다른 하나의 중요한 목표이다. 이 점에서 목사들은 개교회 뿐만 아니라, 전체교회에도 책임이 있다.

교인들의 영적 성숙은 믿음과 지식에 있어서 이루어져야 한다. 우리는 일치된 믿음과 지식을 가져야 한다. 목사는 성경과 신조와 신학을 부지런히 연구하고 강론함으로써 성도들이 일치된 믿음과 지식에 도달하게 해야 한다. 우리의 영적 성장의 목표는 '그리스도의 장성한 분량의 충만함'에 도달하는 것이다. 그것은 그리스도의 인성(人性)의 온전함에 도달하는 것이다. 주 예수 그리스도께서는 우리의 인격의 모범이시다. 우리는 그의 의와 진실과 사랑을 본받아야 한다.

〔14절〕 이는 우리가 이제부터 어린아이가 되지 아니하여 사람의 궤술과 간사한 유혹에 빠져 모든 교훈의 풍조에 밀려 요동치 않게 하려 함이라.

교인들에게 믿음과 지식의 온전함이 필요한 까닭은 세상에 있는 모든 잘못된 교훈들의 풍조에 밀려 요동치 않게 하기 위해서이다. 우리는 과거에 어린아이들처럼 사람들의 속임수와 간사한 유혹에 빠져 방황하였었다. 어리석은 사람들은 자신들도 속고 다른 이들도 속인다. 그러나 이제 우리는 하나님께로 돌아왔다. 그러므로 다시는 사람들의 교리들과 교훈들과 사상들을 따라 방황해서는 안 될 것이다. 그러므로 구원 얻은 자들의 모임인 교회는 바른 지식과 믿음의 온전함이 필요하다. 성도들과 신약교회는 지식과 믿음이 온전해야 한다.

〔15절〕 오직 사랑 안에서 참된 것을 하여 범사에 그에게까지 자랄지라. 그는 머리니 곧 그리스도라.

'참된 것을 하다'는 원어(알레듀오 ἀληθεύω)는 '참되다, 참된 말을 하다'는 뜻이다(BDAG). '사랑 안에서 참된 것을 하라'는 말은 온전케 되는 방법을 보인다. 사랑과 진실은 하나님과 예수 그리스도의 성품이며 하나님의 형상으로 지음을 받은 본래의 사람의 성품이었다. 그러나 아담과 하와는 범죄함으로 그 본래의 의롭고 선한 성품을 잃어버렸다. 그러나 구원 얻은 성도들은 이제 죄악된 옛 성품을 다 버리고 사랑과 진실 안에서 자라서 온전함을 이루어야 한다.

'범사에 그에게까지 자랄지라'는 말씀은 그리스도께서 우리의 영적 성장의 목표이심을 보인다. 교회는 모든 면에서 그리스도에게까지 자라야 한다. 교인들은 말씀을 배우고 성장하여 그리스도의 생각과 마음, 그의 말과 행동, 그의 진실과 사랑, 그의 온유와 겸손, 충성과 인내를 본받아야 한다. 성화는 그리스도를 본받는 것이다.

'그는 머리니 곧 그리스도라'고 말한 것은, 교회와 성도들의 영적 성장의 이치를 사람의 머리와 몸에 비유한 것이다. 사람의 머리는 몸을 자라게 하는 데 필수적 기관이다. 머리가 상하면 몸이 계속 자랄 수 없다. 건전한 머리는 몸을 성장케 한다. 예수 그리스도께서는 우리에게 건전한 머리이시다. 그러므로 그의 몸된 교회가 정상적인 상태에 있다면 그 교회는 그를 통해 자라서 온전케 될 것이다.

〔16절〕 그에게서 온 몸이 각 마디를 통하여 도움을 입음으로 연락하고 상합하여[연결되고 결합되어](바른성경) **각 지체의 분량대로 역사하여 그 몸을 자라게 하며 사랑 안에서 스스로 세우느니라.**

교회는 예수 그리스도의 몸으로서 머리 되신 그에게서 각 마디를 통해 도움을 입음으로 연결되고 결합되어 각 지체의 분량대로 활동하여 자라며 사랑 안에서 건립된다. 예수 그리스도께서는 교회를 '한 완전한 사람'으로 세우시는 힘의 근원이 되신다. 그에게서 온 몸은 각

마디를 통해 도움을 입어 자라게 된다. 그는 요한복음 15장에서도 자신과 제자들을 참 포도나무와 그 가지들에 비유하시면서 포도나무 가지가 포도나무에 붙어 있을 때 그 나무로부터 도움을 입음으로써 열매를 많이 맺게 되는 이치를 말씀하셨다. 물론 주께서는 그의 영 곧 성령을 통해 이런 일을 이루신다. 참으로 개인이나 교회의 영적 성장과 온전함은 목사나 교인들의 인위적 노력으로 되는 것이 아니고 교회의 머리 되신 예수 그리스도와 그의 영, 곧 성령의 도우심으로 되는 것이다. 성화(聖化)는 성령의 도우심으로 이루어진다.

본문의 교훈을 정리해보자. 첫째로, 주께서는 교회에 목사들을 주셨다. 목사의 직무는 교사의 직무이다. 목사는 양무리를 돌보며 가르치는 일을 한다. 목회의 목표는 성도들을 온전케 하며 여러 가지 봉사의 일들을 하게 하는 것과 그리스도의 몸을 세우는 것이다. 우리는 하나님께서 교회들을 위해 의도하신 이 뜻을 감사히 여기면서, 목사들은 성경과 신학을 부지런히 연구하여 가르치고, 성도들은 열심히 배워야 한다.

둘째로, 목사의 직무는 교회를 믿음과 지식에 있어서 완전케 하는 것이다. 교회는 예수 그리스도의 몸으로서 예수 그리스도의 인성(人性)의 장성한 분량의 충만함에 이르도록 범사에 자라고 완전케 되어야 한다. 그리스도께서는 성도 개인의 성화의 목표이실 뿐 아니라, 전체교회의 영적 성장의 목표이시다. 목사는 지교회 양무리들을 돌보는 책임뿐 아니라, 전체교회에 대한 책임도 가진다. 우리는 다 온전케 되어야 한다.

셋째로, 우리는 사랑 안에서 참된 것을 하여 범사에 머리 되신 예수 그리스도에게까지 자라야 한다. 예수께서는 힘을 주셔서 우리로 자라며 온전케 하실 것이다. 우리는 사랑과 진실을 실천해야 한다. 우리는 하나님을 사랑하고 서로 사랑하며 이웃을 사랑하고 원수도 사랑해야 하며, 하나님과 사람 앞에서 진실한 말만 하고 진실하게 살아야 한다. 그럴 때 우리는 점점 자라며 예수 그리스도의 형상을 이룰 것이다.

17-25절, 의와 거룩과 진실

〔17-18절〕 그러므로 내가 이것을 말하며 주 안에서 증거하노니 이제부터는 [다른] **이방인이 그 마음**[생각]**의 허망한 것으로 행함같이 너희는 행하지 말라. 저희 총명이 어두워지고 저희 가운데 있는 무지함과 저희 마음이 굳어짐으로 말미암아**[굳어짐 때문에] **하나님의 생명에서 떠나 있도다.**

구원 얻은 성도들은 이제부터 다른 이방인들처럼 행하지 말아야 한다. 사도 바울은 구원 얻지 못한 이방인들의 특징들을 열거한다.

첫째로, 이방인들은 그 생각의 허망한 것으로 행하고 있다. 그들은 하나님을 모르고 하나님의 계명도 모르고 세상에서 참으로 가치 있는 것을 모르고 허무한 것을 생각하고 행하고 있다.

둘째로, 이방인들은 깨달음이 없고 무지하다. 그들은 육신적인 일들이나 물질적인 일들에는 지혜가 있을지 모르나 참으로 알아야 할 것들에 대해 모른다. 그들은 하나님께서 창조하신 세상에 살면서도 가장 기본적 사실들인 창조주 하나님을 모르고 사람의 삶의 목적과 사람의 죄와 구주 예수 그리스도와 구원에 대해 모르고 있다.

셋째로, 이방인들은 마음이 굳어져 있고 하나님의 생명에서 떠나 있다. 그들은 마음이 완고해 자신의 잘못된 생각들에 사로잡혀 있다. 그들은 자기 생각대로만 살며 하나님의 진리를 진지하게 찾지 않으며, 생명의 원천이신 하나님을 알지 못하고 그를 떠나 살기 때문에 하나님의 참된 생명을 소유하고 있지 못하다. 그들은 영원히 죽을 수 밖에 없는 자들이며, 영생의 길을 알지 못하는 자들이다.

〔19절〕 저희가 감각 없는 자 되어 자신을 방탕(아셀게이아 ἀσέλγεια)[육욕, 호색, 방탕]**에 방임하여 모든 더러운 것을 욕심으로 행하되.**

넷째로, 이방인들은 도덕 의식이 없고 자신들을 육욕에 방임하여 모든 더러운 것을 욕심으로 행하고 있다. 그들은 옳고 그름과 선과 악을 분별하고 판단하는 도덕 의식이 없다. 그래서 이방 사회는 심히 부도덕하며 죄악된 사회가 되었다. 부도덕한 사람들의 죄악들 중 첫째는 음란이다. 사람들은 음란하고 방탕하다. 그들은 '모든 더러운 것' 즉 온갖 죄악들을 행한다. 죄 없는 사회는 아름답고 평화로울 것이지만, 죄악된 세상은 갈등들과 상처들로 얼룩져 있다. 의는 깨끗하고 단정한 옷과 같지만, 죄는 더럽고 냄새나는 옷과 같다.

이런 점들이 이방인들의 삶의 모습이다. 이것들은 구원 얻기 전의 우리의 모습이기도 했다. 우리는 이런 무지하고 부도덕한 모습들로부터 떠나야 한다. 우리는 이제 이방인들처럼 행하지 말아야 한다.

〔20절〕 오직 너희는 그리스도를 이같이 배우지 아니하였느니라.

우리가 처음 예수 그리스도의 복음을 들었을 때 주 예수 그리스도께서는 우리에게 이 모든 죄악된 것들로부터 떠나라고 명하셨다. 우리는 그의 명령을 순종하였다. 우리는 우리의 과거의 죄를 회개했고 하나님께로 돌아왔다. 우리는 그에게서 죄악된 삶으로부터 회개하라고 배웠지, 이방인들의 죄악된 삶을 그대로 살라고 배우지 않았다.

〔21절〕 진리가 예수[님] **안에 있는 것같이 너희가 과연 그에게서**[그에 대하여] **듣고 또한 그 안에서 가르침을 받았을진대**[받았으니 곧].

예수께서는 진리 자체이시며 그 안에 진리가 있다(요 14:6). 에베소 교인들은 주 예수 그리스도께 직접 듣지는 못했을 것이나 사도들을 통해 그에 대해 많이 들었고 그 진리에 대해 가르침을 받았을 것이다. 본절 끝의 "받았을진대"라는 말부터 24절까지는, "받았으니 곧 . . . 입으라는 것이라"고 번역하는 것이 바르다고 본다. 즉 22절부터 24절까지는 예수 그리스도의 진리로 가르침을 받은 내용을 말한다. 그것은 모든 죄를 벗어버리고 새사람이 되라는 구원의 초청이었다.

〔22절〕 너희는 유혹의[속이는] **욕심을 따라 썩어져 가는 구습(舊習)을 좇는 옛사람을 벗어버리고**[이전의 생활 방식에 대하여(KJV, NASB), 너희는 속이는 욕심들을 따라 부패하는 옛사람을 벗어버리고].

사람의 욕심들은 처음에는 우리를 행복으로 이끌 것처럼 보이지만 결국 우리를 불행으로 이끌기 때문에 속이는 것이다. 옛사람은 구원 얻기 전의 자아(自我)를 말하며 앞절들에서 말한 이방인들의 모습이다. 그것은 한마디로 속이는 욕심들을 따라 부패하는 삶이었다. '벗어버리고'라는 원어(아포데스다이 ἀποθέσθαι)(과거부정사)는 그 행위의 단회성(單回性)을 보인다. 옛사람을 벗어버리는 것은 우리가 예수 그리스도를 믿고 죄사함과 의롭다 하심을 받을 때 단번에 이루어진 사실이다. 그것은 반복될 수 없는 구원의 사건이다. 구원은 성도들에게 단번에 일어나는 사건이다. 그것이 중생이며 회개와 믿음이다.

〔23절〕 오직 심령으로[너희의 생각의 영으로] **새롭게 되어.**

영의 활동들은 지식과 감정과 의지이다. 본절은 그 중에 특히 지식을 강조한다. 사람의 영의 활동들 중에 생각은 매우 중요하다. 사람의 생각은 그의 행동을 결정한다. 바른 생각은 바른 행동으로 나타나고, 잘못된 생각은 잘못된 행동으로 나타난다. 구원은 일차적으로 생각의 변화이다. 우리가 구원 얻을 때 우리는 생각이 새롭게 되었다.

'새롭게 되어'라는 원어(아나네우스다이 ἀνανεοῦσθαι)(현재부정사)는 계속성을 나타낸다. 우리의 구원은 생각의 변화에서 시작되지만, 그 생각의 변화는 한번으로 끝나지 않고 계속적으로 성숙해진다. 성화(聖化)는 깨달음의 성숙 과정이다. 사람의 연약성은 잘 변하지 않지만, 성도의 생각과 깨달음의 변화는 있다. 하나님을 아는 생각, 자신의 부족을 아는 생각, 구주 예수님의 은혜를 깨닫는 생각은 시간이 흐를수록 성숙해진다. 그 생각의 성숙은 평생 계속될 것이다.

〔24절〕 하나님을 따라 의와 진리의 거룩함으로[의와 참된 거룩으로] **지으심을 받은 새사람을 입으라**[입으라는 것이라](KJV, NASB, NIV).

'하나님을 따라' 지으심을 받았다는 말씀은 새사람의 내용이 바로 하나님의 형상의 회복임을 보인다. 하나님의 형상의 본래의 내용은 '의와 참된 거룩'이다. 그것을 '본래의 의'라고 부른다. 구원은 범죄함으로 잃어버렸던 하나님의 형상, 즉 그 본래의 의를 회복하는 것이다.

'입으라'는 원어(엔뒤사스다이 ἐνδύσασθαι)(과거부정사)도 단회성(單回性)을 보인다. 그것은 구원 얻은 성도들에게 명하는 말씀이 아니고 예수님 믿기 전에 그들이 받았던 구원 초청의 내용이다. 회개하고 예수님을 믿으라는 초청은 옛사람을 벗어버리고 새사람을 입으라는 것이었다. 옛사람에서 새사람으로 옮겨지는 것이 구원이다. 이것은 점진적인 것이 아니고 단번에 이루어진 것이다. 우리는 하나님의 은혜로 예수 그리스도를 믿음으로 그가 십자가 대속 사역으로 이루신 의(義)로 옷 입었고 죄사함과 의롭다 하심을 얻었다. 이것이 칭의(稱義)이다. 이 칭의(稱義)는 이제 성화(聖化)로 나아간다.

〔25절〕 그런즉 거짓을 버리고 각각 그 이웃으로 더불어 참된 것을 말하라. 이는 우리가 서로 지체가 됨이니라.

'그런즉'이라는 말은 예수 그리스도의 복음을 배우고 믿어 구원을 얻어 새사람을 입었기 때문에라는 뜻이다. 본문은 우리가 서로 지체가 되기 때문에 거짓을 버리고 서로 참된 것을 말하라고 교훈한다.

세상에는 거짓말로 물질적 이익을 취하는 사람들이 많다. 원산지를 속인 식자재나 인체에 해로운 식품을 파는 자, 이중장부를 쓰는 기업, 가짜 영수증, 가짜 추천서, 가짜 학위증, 가짜 증명서를 만들거나 사용하는 자, 법정에서 위증하는 자, 가짜 취업 알선소, 가짜 결혼소개소, 가짜 연예 기획사 등 속이는 자들이 많다.

거짓말은 나쁜 악이다. 모든 거짓의 근원은 마귀이다. 예수께서는 마귀를 거짓의 아비라고 표현하셨다(요 8:44). 마귀는 에덴 동산에서 하와를 속였었다. 거짓과 속임은 마귀의 본성이다. 마귀는 거짓으로 가득한 자이다. 세상은 마귀의 손 아래 있으므로 거짓으로 가득하다. 그러나 하나님께서는 마지막 날에 거짓말하는 자들을 반드시 철저하고 엄중하게 심판하실 것이다. 이 세상에는 거짓말하는 자들이 많지만, 성경은 그들이 아무도 천국에 들어가지 못하고(계 21:27; 22:15)

다 지옥에 들어갈 것이라고 분명하게 말한다(계 21:8).

그러므로 구원 얻은 성도에게 거짓말은 지극히 합당치 않다. 우리는 선의의 거짓말도 삼가야 한다. 사람의 남은 죄악성은 거짓말하고 속이는 데 익숙하다. 따라서 우리는 악은 모양이라도 버리려고 해야 한다. 진실은 하나님의 세계에서 가장 기본적 덕목이다. 하나님께서는 진리의 하나님이시다. 우리는 있는 그대로, 사실 그대로 생각하며 말하며 살아가기를 힘써야 한다. 우리는 서로에게 진실만을 말하려고 해야 하며 항상 참된 것만 말하는 자들이 되어야 한다.

본문의 교훈을 정리해보자. 첫째로, 우리는 이방인들의 행위를 버려야 한다. 이방인들은 그 생각이 허무하고 깨달음이 없고 무지하며 마음이 굳어져 있고 하나님의 생명에서 떠나 있고 도덕 의식이 없고 육욕에 빠져 있고 음란하며 모든 더러운 것들을 욕심으로 행한다. 비록 과거에 우리의 삶이 그러했을지라도, 우리는 이제 그런 삶을 버려야 한다.

둘째로, 우리는 성도에게 단번에 주신 구원을 기억하고 감사해야 한다. 하나님의 구원 초청은, 속이는 욕심을 따라 부패하는 옛사람을 버리고 생각의 영이 새로워져서 하나님을 따라 의와 참된 거룩으로 지으심을 입은 새사람을 입으라는 것이었다. 우리는 하나님의 초청대로 그의 은혜로 모든 죄를 회개했고 예수 그리스도를 믿었고 죄사함과 의롭다 하심과 거룩함을 얻었다. 이것은 오직 하나님의 은혜와 예수 그리스도의 대속으로 이루어졌다. 우리는 이 사실을 기억하고 감사해야 한다.

셋째로, 우리는 이제 날마다 생각의 영이 새로워져 의와 거룩의 열매를 맺어야 하고 또 모든 거짓을 버리고 서로 간에 진실한 말만 해야 한다. 우리는 생각의 변화가 일어나 예수님 믿고 죄씻음과 의롭다 하심의 구원을 얻었고 또 그때로부터 날마다 성경말씀과 성령의 감동 가운데 생각이 더욱 성숙해지고 도덕성에 있어서 성화(聖化)를 이루어 하나님의 백성답게 경건하고 의롭고 거룩하고 진실하게 살아야 한다.

26-32절, 선함, 덕스러움, 인자함

〔26절〕 분을 내어도 죄를 짓지 말며 해가 지도록 분을 품지 말고 마귀로 틈을 타지 못하게 하라.

우리는 분을 낼 때 죄를 짓지 않도록 조심해야 한다. 사람이 정당하게 분을 낼 때가 있다. 하나님께서는 사람들의 죄악된 일들에 대해 노하신다. 주 예수께서도 이스라엘 백성의 종교지도자들이 타락하여 성전 제사의 제물로 이익을 취하는 것을 보시고 노하셔서 성전 안에서 매매하는 자들을 내쫓으시며 돈 바꾸는 자들의 상과, 비둘기 파는 자들의 의자를 둘러 엎으셨다(마 21:12-13). 우리는 세상의 불의한 일들에 대해 분노해야 한다. 부모는 자녀의 잘못된 행위에 대해 노하며 엄히 책망해야 한다. 그러나 우리는 쉽게 분을 내지 말아야 한다.

또 우리는 정당하게 분을 낼 때도 죄를 짓지 말아야 한다. 사람은 분을 낼 때 말과 행동에 실수하기 쉽다. 과격한 말, 미워하는 말, 욕설, 성급한 판단과 정죄, 싸움, 살인 등의 잘못을 범할 수 있다. 우리는 분노할 때 그런 실수가 없도록 조금 멈추어 생각하고 기도하며 신앙적, 이성적 언행을 하도록 힘써야 하며, 죄악에 대한 미움과 분노 중에라도 형제를 미워하지 않도록 조심해야 한다.

또 우리는 분을 내어도 그 분을 해가 지도록 품고 있지 말아야 한다. 상대가 깨닫지 못하고 사과하지도 고치지도 않는 때라도, 우리는 그 일을 하나님께 맡기고 더 생각하지 않는 것이 좋다. 원수 갚는 일이 하나님께 있다(롬 12:19). 노를 품고 있으면 몸에도 해롭고 마귀의 시험에 빠지기 쉽다. 분노의 감정은 미움, 과격한 말과 행동, 술취함, 살인 등으로 발전되며, 그것은 마귀로 틈을 타게 하는 일이다. 그러므로 우리는 분노할 때 마귀로 틈을 타지 못하게 매우 조심해야 한다. 우리는 죄는 미워하지만 죄인은 불쌍히 여길 줄 알아야 한다. 우리의 심령은 항상 온유와 평안으로 단장되어야 한다. 불의에 대한 정당한 분노도 신중히 생각한 후에 내어야 하며, 분노 중에라도 마귀가 우리를 범죄케 하지 못하도록 조심해야 한다.

〔28절〕 도적질하는 자는 다시 도적질하지 말고 돌이켜 빈궁한 자에게 구제할 것이 있기 위하여 제 손으로 수고하여 선한 일을 하라.

도둑질은 남의 돈이나 물건을 부당하게 취하는 행위이다. 그것은 거짓과 탐심, 또 수고하지 않고 살아가려는 게으른 마음에서 생기는 일이다. 그것은, 돈 벌기가 어렵고 땀 흘려 일하기는 싫기 때문에 남의 소유물을 훔쳐서 쉽게 사용하려는 것이다. 그것은 불의하고 더러운 이익을 구하는 마음에서 나오는 악한 행위이다.

오늘날 사회에는 도둑질이 많다. 옷 도둑, 학생의 부정행위, 학자의 논문 표절, 음악이나 영화의 불법 내려받기, 기업주의 노동력 착취, 피고용인의 근무 태만 등. 우리는 남의 것을 도둑질하지 말아야 하고, 제 손으로 수고하여 가난을 면하고 도리어 빈궁한 자들을 구제하며 선한 일을 하는 자리에까지 나아가야 한다.

〔29절〕 무릇[모든 종류의] **더러운**(사프로스 σαπρός)[불건전한, 나쁜] **말은 너희 입 밖에도 내지 말고 오직 덕을 세우는 데 소용되는 대로 선한 말을 하여 듣는 자들에게 은혜를 끼치게 하라.**

우리는 모든 종류의 불건전하고 나쁜 말을 삼가야 한다. 주께서는 형제에게 '라가' [빈 머리, 바보]라고 말하면 공회에 잡혀가고 '미련한 놈'이라고 말하는 자는 지옥불에 들어가게 되리라고 말씀하셨다(마 5:22). 우리는 오직 덕을 세우는 데 소용되는 선한 말을 하여 듣는 자들에게 은혜를 끼쳐야 한다. '덕을 세운다'는 말은 남에게 유익을 준다는 뜻이다. 우리는 말을 할 때 남에게 해를 주는 말을 하지 말고 유익을 주는 말을 해야 한다. 잠언 10:20-21, "의인의 혀는 천은(天銀)과 같거니와 악인의 마음은 가치가 적으니라. 의인의 입술은 여러 사람을 교육하나 미련한 자는 지식이 없으므로 죽느니라." 잠언 12:18, "혹은 칼로 찌름같이 함부로 말하거니와 지혜로운 자의 혀는 양약 같으니라.”

〔30절〕 하나님의 성령[님]을 근심하게 하지 말라. 그 안에서 너희가 구속(救贖)의 날까지 인치심을 받았느니라.

성령에 대해 성경에서 어떤 때는 ‘하나님의 영,’ ‘성령,’ 혹은 ‘영’이라고 표현되지만, 본문에서는 ‘하나님의 거룩하신 영’이라는 특이한 표현이 사용되었다. 성령께서는 피조 세계를 초월해 계시며 도덕적으로 성결하시다. 또 그는 자신이 거룩하실 뿐 아니라, 또한 죄인들을 거룩케 하신다. 그것이 구원 사역이다. 성령께서는 우리에게 거룩한 생각과 정신, 거룩한 마음과 거룩하게 살려는 의지를 주신다.

우리는 우리의 몸 안에 거하시는 하나님의 거룩하신 영을 근심케 하지 말아야 한다. 성령께서는 인격적 존재이시기 때문에 우리가 죄를 지으면 근심하신다. 그는, 삼위일체를 부정하는 여호와의 증인이나 일위신론자(一位神論者 유니테리안들)들이나 자유주의 신학자들이나 어떤 은사주의자들이 잘못 생각하는 것처럼, 단지 하나님의 힘이나 기운이 아니다. 그는 인격적 하나님이시다. 하나님께서는 인격적이시며 성령께서도 그러하시다. 그는 기뻐하기도 하시고 근심하기도 하신다. 그가 근심하시면 진노하실 것이다. 이사야 63:10은, “그들이 반역하여 주의 성신[성령]을 근심케 하였으므로 그가 돌이켜 그들의 대적이 되사 친히 그들을 치셨더라”고 말했다.

우리는 성령님 안에서 구속(救贖)의 날까지 인치심을 받았다. 성령께서 우리 안에 거하시는 것이 성령님으로 인치심을 받은 것이다. 인을 친다는 것은 확인하는 뜻이다. 우리는 무슨 문서를 확인할 때 거기에 도장을 찍거나 서명을 한다. 성령께서 우리 속에 오셔서 거하시는 것은 우리가 구원 얻은 백성이라는 하나님의 확인이다. 그 효력은 ‘구속(救贖)의 날까지’ 지속된다. 우리가 거듭나고 의롭다 하심을 얻을 때 성령께서는 우리 안에 오셔서 거하시므로 우리의 성화(聖化)와 영화(榮化)를 보장하시는 것이다. 비록 우리에게 부족이 있을지라도,

우리가 진심으로 예수 그리스도를 믿고 성경말씀대로 살고자 한다면, 하나님께서는 우리의 구원을 보장하셔서 멸망치 않고 영광에 이르게 하실 것이다(요 3:16; 6:39-40; 10:28; 롬 8:30).

〔31절〕 **너희는 모든**[모든 종류의] **악독**(피크리아 πικρία)[씁쓸함(bitterness), 독한 생각]**과 노함과 분냄과 떠드는 것과 훼방하는 것을 모든 악의와 함께 버리고**.

독한 생각에서 '노함과 분냄'이 나온다. 또 분노는 '떠듦과 훼방'으로 나타난다. '훼방'은 남을 악한 말로 비난하는 것을 가리킨다. 말은 사람의 마음을 표현한다. 실상, 말은 사람의 인격의 표현이다. 끝으로 '악의(惡意)'는 남을 해치려는 생각과 뜻을 가리킨다. 남에 대한 분노의 감정과 말은 남을 해치려는 의지로 발전한다. 위의 말들은 점점 심해지는 과정이라고 보인다. 처음에는 모든 종류의 악한 생각이지만, 그 다음에는 노함과 분냄, 그 다음에는 떠드는 것과 훼방하는 것, 그리고 마침내 모든 악한 의지로 발전해 나아간다고 보인다. 이 모든 것들은 구원 얻은 성도에게도 아직 남아 있는 죄성 즉 옛사람의 성질들이다. 이것들은 새사람이 된 성도에게는 합당치 않은 것들이다. 그러므로 성도들은 이 모든 악들을 다 버려야 한다.

〔32절〕 **서로 인자하게**(크레스토스 χρηστός)[자비롭게, 친절하게] **하며 불쌍히 여기며**(유스프랑크노스 εὔσπλαγχνος)[동정하며, 불쌍히 여기며] **서로 용서하기를 하나님이**[께서] **그리스도 안에서 너희를 용서하심과 같이 하라**.

우리는 서로 자비롭고 친절하게 대하며, 인정과 동정심이 있는 자가 되어야 한다. 이것이 성도들이 인간 관계에서 취해야 할 태도이다.

또 본문은 서로 용서하는 자들이 되라고 교훈한다. 용서는 사랑을 위해 꼭 필요하다. 모든 사람은 도덕적 결함과 실수가 많기 때문에, 서로 용서함이 없다면 서로 사랑하는 관계가 유지될 수 없다. 요한복음 13장에 보면, 예수께서는 서로 사랑하라는 계명을 주시기 전 수건을 허리에 두르시고 대야에 물을 담아 제자들의 발을 씻기시고 수건으로 닦아주신 후, “내가 주와 선생이 되어 너희 발을 씻겼으니 너희도 서로 발을 씻기는 것이 옳으니라”고 말씀하셨다(요 13:14). 그것은 제자들이 서로의 잘못을 용서할 것을 가르치신 것이었다.

우리는 하나님께서 그리스도 안에서 우리를 용서하심과 같이 서로 용서해야 한다. 마태복음 18장에 보면, 주께서는 우리가 하나님 앞에서 지은 죄는 1만 달란트의 빚과 같고 우리의 동료가 우리에게 진 빚은 100데나리온 정도와 같다고 비유하셨다. 한 달란트는 6,000데나리온이며 한 데나리온은 노동자의 하루 품삯이었으니까, 한 데나리온을 10만원으로만 보아도 1만 달란트는 약 6조원이다. 지옥 갈 만한 우리의 죄는 1만 달란트와 같았다. 그것은 개인이 결코 갚을 수 없는 큰 금액이었다. 하나님께서는 지옥 갈 만한 우리의 죄를 다 용서하셨다.

본문의 교훈을 정리해보자. 첫째로, 우리는 분을 내어도 죄를 짓지 말고 해가 지도록 분을 품지 말아야 한다. 정당한 분노라도 분노는 지나치거나 치우치기 쉽고 마귀의 시험에 떨어져 범죄하기 쉽다. 우리는 자기의 분노의 감정을 다스릴 수 있는 힘을 하나님께 구해야 한다.

둘째로, 우리는 도둑질하지 말고 오히려 가난한 자들에게 구제하며 선을 베풀 수 있도록 손으로 일하며 수고해야 한다. 성도는 의로운 자가 되어야 하며 또 선을 행하고 구제하는 자가 되어야 한다. 그것이 새 삶의 목표이며 하나님께서 우리를 죄와 멸망에서 구원하신 목적이다.

셋째로, 우리는 모든 종류의 불건전하고 나쁜 말을 우리 입 밖에도 내지 말고 오직 덕을 세우는 선하고 은혜로운 말을 해야 한다. 우리는 우리의 성화(聖化)를 위해 우리 안에 영원히 거하시는 성령을 근심케 말고 모든 나쁜 말들을 버리고 덕스럽고 은혜로운 말을 해야 한다.

넷째로, 우리는 모든 악독, 노함과 분냄, 떠듦과 훼방, 모든 악의를 다 버리고 서로 자비롭고 친절하게 대하고 인정 있는 자들이 되고 서로의 잘못을 용서하는 자가 되어야 한다. 이것이 성도다운 거룩한 삶이다.

5장: 교회의 성결성

1-7절, 사랑과 거룩함

〔1-2절〕 그러므로 사랑을 입은 자녀같이 너희는 하나님을 본받는 자가 되고 그리스도께서 너희를[우리를](전통사본) **사랑하신 것같이 너희도 사랑 가운데서 행하라. 그는 우리를 위하여 자신을 버리사 향기로운 제물과 생축으로**[예물과 제물로 향기로운 냄새로] **하나님께 드리셨느니라.**

우리는 하나님의 사랑을 입은 자들이다. 주 예수께서는 친히 "하나님께서 세상을 이처럼 사랑하사 독생자를 주셨으니 이는 저를 믿는 자마다 멸망치 않고 영생을 얻게 하려 하심이니라"고 말씀하셨다(요 3:16). 사도 바울은 로마서 5:8에서 "우리가 아직 죄인 되었을 때에 그리스도께서 우리를 위하여 죽으심으로 하나님께서 우리에게 대한 자기의 사랑을 확증하셨느니라"고 말했다. 독생자를 우리를 위한 속죄 제물로 내어주신 사실에서 하나님의 크신 사랑이 확증되었다. 사도 요한도 요한일서 4:9-11에서 "하나님의 사랑이 우리에게 이렇게 나타난 바 되었으니 하나님께서 자기의 독생자를 세상에 보내심은 저로 말미암아 우리를 살리려 하심이니라. 사랑은 여기 있으니 우리가 하나님을 사랑한 것이 아니요 오직 하나님께서 우리를 사랑하사 우리 죄를 위하여 유화제물로 그 아들을 보내셨음이니라. 사랑하는 자들아, 하나님께서 이같이 우리를 사랑하셨은즉 우리도 서로 사랑하는 것이 마땅하도다"라고 말했다.

사도 바울은 본 서신 에베소서의 시작 부분인 1:3-6에서 이렇게 말했다. "찬송하리로다, 하나님 곧 우리 주 예수 그리스도의 아버지께서 그리스도 안에서 하늘에 속한 모든 신령한 복으로 우리에게 복 주시되 곧 창세 전에 그리스도 안에서 우리를 택하사 우리로 사랑 안에서 그 앞에 거룩하고 흠이 없게 하시려고 그 기쁘신 뜻대로 우리를 예정하사 예수 그리스도로 말미암아 자기의 아들들이 되게 하셨으니 이는 그의 사랑하시는 자 안에서 우리에게 거저 주시는 바 그의 은혜의 영광을 찬미하게 하려는 것이라.” 하나님께서는 창세 전에 우리를 선택하셨고 그의 아들 예수께서는 십자가에 죽으심으로 우리의 죄를 구속(救贖)하셨고 하나님의 영, 성령께서는 죽었던 우리의 영혼을 살려 중생(重生)시키셨다. 이것이 하나님의 사랑이었다. 그러므로 우리는 하나님의 이 사랑을 본받는 자가 되어야 한다.

특히, 예수께서는 우리를 사랑하셔서 우리를 위한 대속물로 자신을 십자가에 내어주셨다. 그의 죽음은 예물과 제물로 향기로운 냄새로 하나님께 드려졌다. ‘향기로운 냄새’는 레위기에 1:9 등에서 자주 나오는 말(레아크 니코아크 רֵיחַ נִיחוֹחַ)의 헬라어 70인역의 말로서 히브리어의 뜻은 ‘하나님의 진노를 누그러뜨리는 냄새’ 즉 ‘유화(속죄)의 냄새’라는 뜻이다(BDB, KB). 요한복음 15:12-13에 보면, 주께서는 “내 계명은 곧 내가 너희를 사랑한 것같이 너희도 서로 사랑하라 하는 이것이니라. 사람이 친구를 위하여 자기 목숨을 버리면 이에서 더 큰 사랑이 없느니라”고 말씀하셨다. 그는 우리를 위해, 우리의 죄를 대속(代贖)하시기 위해 자기의 목숨을 내어주셨다. 우리는 그의 십자가 대속의 큰 사랑을 본받아 사랑으로 행해야 한다.

〔3절〕 음행과 온갖 더러운 것과 탐욕은 너희 중에서 그 이름이라도 부르지 말라. 이는 성도의 마땅한 바니라.

‘음행’은 합법적 결혼관계 이외의 성행위를 가리킨다. 합법적 결혼관계란 본인들의 동의와 부모들이나 증인들의 인정 아래 이루어진 결혼관계를 말한다. 부부의 성행위는 아름다운 사랑의 행위이지만, 그 외의 성행위, 즉 간음이나 강간이나 근친상간적 행위나 매춘행위나 동성애나 짐승과의 성행위 등은 음행의 죄악이다.

‘온갖 더러운 것’은 성적 불결을 포함하여 모든 종류의 더러운 악을 가리킨다. 그것은 죄악된 것을 보고 들음으로 생각과 감정이 더러워지는 것부터 말이나 행위의 불결까지 모든 더러운 악들을 포함한다. 말과 행위의 더러움은 생각과 마음의 더러움에서 나오므로, 주께서는 마음이 청결한 자가 복이 있다고 말씀하셨고(마 5:8), 잠언은, "무릇 지킬 만한 것보다 더욱 네 마음을 지키라"고 교훈하였다(잠 4:23).

'탐욕'은 좀더 가지려는 마음이다. 이것은 주로 돈에 대한 욕심이다. 그러나 돈뿐 아니라, 또한 세상 영광, 명예, 권세에 대한 욕심도 있다. 이것들은 다 세상을 사랑하는 것이요, 하나님을 사랑하는 것과 근본이 다르다. 탐욕은 하나님을 모르는 자들의 마음가짐이다. 하나님 없는 자들에게는 세상과 돈이 그들의 바라는 것의 전부이다.

"그 이름이라도 부르지 말라"는 말씀은, 실질적으로 마음과 말과 행위에 있어서 이런 죄를 범하지 말아야 하는 것은 물론이고, 그런 죄를 미워하고 그런 것에 대해 말하는 것도 꺼려해야 한다는 뜻이다. 이것이 '성도들에게 마땅한 바'이다. '성도'라는 말(하기오스 ἅγιος)은 '거룩한 자'라는 뜻이다. 거룩은 모든 불경건하고 부도덕한 행위들을 떠나는 도덕적 성결이다. 성도는 말과 행위에서 거룩해야 한다.

〔4절〕 누추함(아이스크로테스 αἰσχρότης)[더러움]**과 어리석은 말이나 희롱의 말**[상스러운 농담]**이 마땅치 아니하니 돌이켜 감사하는** 말을 하라.

더럽고 추잡한 말, 어리석은 말, 저속하고 상스러운 농담은 다 성도에게 합당치 않은 것들이며 성도답지 못한 말들이다. 성도는 이런 말들을 버려야 하고 도리어 하나님 앞에서나 사람들에게 '감사하는 말'을 해야 한다. 우리는 범사에 하나님을 인정하여 감사해야 하고 또 우리에게 호의와 선을 베푼 사람들에게도 감사할 줄 알아야 한다.

〔5절〕 [이는] **너희도 이것을 정녕히 알거니와 음행하는 자나 더러운 자나 탐하는 자 곧 우상숭배자는 다 그리스도와 하나님 나라에서 기업을 얻지 못하리니**[못할 것임이니라].

우리가 음행과 더러운 것과 탐욕을 버리고 더럽고 추잡한 말, 어리석은 말, 상스러운 농담을 하지 말아야 할 이유는 무엇인가? 그것은 음행하는 자나 더러운 자나 탐하는 자가 그리스도와 하나님의 나라에서 기업을 얻지 못하기 때문이다. 탐심은 우상숭배이다. 탐하는 자를 우상숭배자라고 표현한 것은 탐하는 자는 돈을 하나님으로 섬기는 자와 같기 때문이다. 그에게는 돈이 신이다. 도덕적으로 더러운 자들과 탐욕을 가진 사람들은 하나님께서 예비하신 새 하늘과 새 땅에 들어가지 못한다. 모든 죄를 회개하고 하나님을 사랑하고 하나님의 뜻대로 살려 하지 않는 자들은 천국에 들어가지 못할 것이다.

사도 바울은 고린도전서 6:9-10에서, "불의한 자가 하나님의 나라를 유업으로 받지 못할 줄을 알지 못하느냐? 미혹을 받지 말라. 음란하는 자나 우상숭배하는 자나 간음하는 자나 탐색하는 자(동성애자)나 남색하는 자(동성애자)나 도적이나 탐람하는[탐하는] 자나 술취하는 자나 후욕하는[욕하는] 자나 토색하는[강제로 남의 것을 빼앗는] 자들은 하나님의 나라를 유업으로 받지 못하리라"고 말했다. 또 그는 갈라디아서 5:19-21에서도 육체의 일들인 여러 가지 죄악들을 열거한 후 "전에 너희에게 경계한 것같이 경계하노니 이런 일을 하는 자들은 하나님의 나라를 유업으로 받지 못할 것이요"라고 말했다. 사도 요한도 요한계시록 22:15에서, "개들과 술객들과 행음자들과 살인자들과 우상숭배자들과 및 거짓말을 좋아하며 지어내는 자마다 성밖에 있으리라"고 말했다. 우리가 이런 분명한 진리를 인식한다면, 우리는 천국 확신과 소망을 가진 자들로서 음행과 온갖 더러운 것과 탐욕 등 모든 죄악을 버리고 거룩하게 선하게 의롭게 살기를 힘써야 한다.

〔6-7절〕 **누구든지 헛된 말로 너희를 속이지 못하게 하라.** [이는] **이를 인하여 하나님의 진노가 불순종의 아들들에게 임하나니**[임함이니] **그러므로 저희와 함께 참여하는 자 되지 말라.**

'헛된 말'이란 율법과 복음의 진리에 맞지 않는 말을 가리킨다. 예를 들어, '웬만큼 죄를 지어도 괜찮다,' '그 정도 죄를 지어도 천국은 갈 수 있다'는 등의 말이다. 그것은 헛된 말, 속이는 말이다.

하나님의 뜻은 우리의 거룩이며 우리가 죄를 떠나는 것이다. 계속 죄 가운데 사는 자는 아직 구원 얻지 못한 자일 것이다. 참으로 구원 얻은 자라면 모든 죄악을 버리려 할 것이고 거룩한 삶을 살고자 애쓸 것이다. '이를 인하여'라는 말씀은 앞에서 언급한 죄악들 곧 '음행과 더러운 것과 탐심 등의 죄악들 때문에'라는 뜻이다. 이런 죄악들 때문에 하나님의 진노가 불순종의 아들들에게 내려진다. 하나님께서는 자비와 긍휼이 많으시고 오래 참으시는 하나님이시지만, 끝까지 참고만 계시지 않는다. 그는 마침내 일어나셔서 이 세상에 가득한 죄악들에 대하여 그것들을 범한 죄인들에게 진노하시며 그들을 심판하시고 징벌하실 것이다. 영원한 지옥 불못은 그들을 위해 예비되어 있다.

우리도 과거에는 불순종하던 자들이었으나 회개하고 예수 그리스도를 구주와 주님으로 믿은 후로는 하나님께 순종하는 자녀가 되었다. 그러므로 우리는 불순종하는 자들과 함께 죄 가운데 살다가 그들과 함께 그들이 받을 하나님의 진노와 심판을 받는 자가 되어서는 안 된다. 구원 얻은 성도들은 거룩하게 살고 하나님께서 주신 현실과 의식주로 만족하며 오직 천국을 소망하며 감사하며 살아야 한다.

본문의 교훈을 정리해보자. 첫째로, 우리는 사랑 가운데서 행해야 한다. 우리는 하나님의 사랑을 본받고, 또 예수 그리스도께서 우리를 위해 자신을 속죄제물로 주신 그 사랑을 본받아 다른 사람들에게 사랑으로 행하고 특히 주 예수 그리스도를 믿는 자들에게 사랑으로 행해야 한다.

둘째로, 우리는 모든 더러운 것과 탐욕을 버려야 한다. 우리는 음행, 온갖 더러운 것, 더럽고 추한 말, 어리석은 말, 저속하고 상스러운 농담, 탐욕을 버려야 한다. 그런 일들을 하는 사람들은 하나님의 나라를 기업으로 얻을 수 없고 하나님의 진노가 그들 위에 있을 것이다. 특히 나쁜 말, 더럽고 추한 말은 죄씻음과 거룩함을 얻은 성도에게 합당치 않다. 우리는 거룩한 말을 해야 하고 하나님께 늘 감사하는 말을 해야 한다.

8-14절, 빛의 자녀들

낮과 밤, 빛과 어두움은 누구든지 분간할 수 있듯이, 영적 세계에서도 의와 불의, 선과 악, 진실과 거짓은 밝히 분간할 수 있다.

〔**8절**〕 [이는] **너희가 전에는 어두움이더니 이제는 주 안에서 빛이라**[빛이기 때문이라]. **빛의 자녀들처럼 행하라.**

에베소 교인들이 불순종하는 자들과 함께 하나님의 진노를 받지 말아야 할 이유는 그들이 전에는 어두움이었으나 이제는 주 안에서 빛이 되었기 때문이다. 에베소 교인들은 예수 그리스도를 믿기 전에는 어두움이었다. 그들은 어두움에 속해 있었고 어두움 속에서 살고 있었다. 어두움은 무지와 부도덕을 가리킨다. 그들은 하나님을 알지 못하였고 하나님의 계명을 어기는 온갖 부도덕에 빠져 있었다. 즉 그들은 앞부분에서 말한 음행, 온갖 더러운 것, 탐욕, 단정치 못함, 어리석은 말, 상스러운 농담 등을 행하였다.

그러나 그들이 이제는 주 안에서 빛이다. 그들은 빛 되신 주 예수 그리스도로 말미암아 구원을 얻어 빛 안에 들어왔고 작은 빛들이 되었다. 예수께서는 제자들에게 "너희는 세상의 빛이라"고 말씀하셨다(마 5:14). 어두움과 반대로, 빛은 지식과 도덕성을 가리킨다. 구원 얻은 우리는 하나님을 알고 하나님의 뜻을 알게 되었으며, 또 우리 자신을 알고 우리가 어디에서 왔고 무엇을 위해 세상에 있으며 또 장차 어디로 갈 것인지에 대하여 알게 되었다. 이것이 성도들이 가지게 된 지식이다. 뿐만 아니라, 구원 얻은 우리는 거룩과 의와 선과 진실로 단장되었고 도덕적 삶을 추구하는 자가 되었다. 그러므로 우리는 빛의 자녀처럼 행해야 하고, 지식과 도덕성을 가진 자들로 살아야 한다. 우리는 하나님 없이 사는 불경건한 생활을 멀리하고 하나님을 우리의 삶의 제일의 목표로 삼고 날마다 하나님을 더 알고 첫째로 사랑하고 섬기며 살아야 하고, 그의 계명대로 거룩하고 의롭고 선하고 진실하게만 살아야 한다.

〔9절〕 [이는] **빛의**[성령의](전통사본)[21]**의 열매는 모든 착함과 의로움과 진실함에 있느니라**[있음이니라].

예수님 믿고 구원 얻은 성도들 속에는 성령께서 거하시며 성령을 따라 삶으로써 맺혀지는 열매는 '모든 착함과 의로움과 진실함'이다. 그것은 도덕적 인격과 행위의 열매이다. 그것은 빛의 열매라고 표현할 수도 있다. 구원 얻은 사람들은 하나님의 영의 인도하심을 받으며(롬 8:14), 그 열매는 빛의 삶, 즉 의롭고 선하고 진실한 삶이다.

〔10절〕 **주께 기쁘시게 할 것이 무엇인가 시험하여 보라.**

우리는 빛의 자녀들처럼 행하고 주님께 기쁘시게 할 것이 무엇인가 시험해 보아야 한다. 빛의 자녀다운 삶은 주님을 기쁘시게 하는 삶이다. "주께 기쁘시게 할 것이 무엇인가 시험하여 보라"는 말씀은 우리가 주의 기쁘신 뜻을 잘 깨닫지 못할 때가 있음을 암시한다. 그러므로 우리는 우리의 처한 현실 속에서 어떤 생각과 행동을 하는 것이 주님을 기쁘시게 하는 것인지 확인하여 그것을 실천하는 자가 되어야 한다. 하나님께서는 아모스를 통해 "너희는 여호와를 찾으라, 그리하면 살리라"고 말씀하셨고(암 5:6), 또 "너희는 살기 위하여 선을 구하고 악을 구하지 말지어다"(암 5:14), "오직 공법[공의]을 물같이, 정의를 하수같이 흘릴지로다"라고 말씀하셨다(암 5:24). 하나님을 찾고 경외하고 섬기는 경건한 삶, 또 그의 계명대로 의롭고 선하고 진실하게 사는 삶이 하나님을 기쁘시게 하는 삶이다.

〔11절〕 [또] **너희는 열매 없는 어두움의 일에 참여하지 말고 도리어 책망하라.**

사도는 7절부터 계속 명령어로 교훈했다. 7절, '저희와 함께 참여하지 말라.' 8절, '빛의 자녀들처럼 행하라.' 10절, '주께 기쁘시게 할 것

---

21) Byz p^{46} 등.

이 무엇인가 시험하여 보라.' 11절, '너희는 열매 없는 어두움의 일들에 참여하지 말고 도리어 책망하라.' '열매 없는 어두움의 일들'이라는 말은 어두움의 일들이 열매 없는 일들임을 보인다. 어두움의 행위들은 유익한 열매들이 없는, 사람답지 못한 행위들이다. 죄악을 사랑하고 죄악된 일을 행하는 사람은 짐승보다 나은 것이 없는 존재이다. 그러므로 성도들은 이런 헛된 행위들에 참여하지 말고 도리어 그것들을 책망해야 한다. '책망하다'는 원어(엘렝코 ἐλέγχω)는 '드러내다, 책망하다'는 뜻이다(BDAG). 우리는 어두움 즉 음란과 더러움과 탐욕의 일들의 헛됨과 무가치함과 사악함을 드러내고 책망해야 한다.

〔12-13절〕 저희의 은밀히 행하는 것들은 말하기도 부끄러움이라. 그러나 책망을 받는 모든 것이 빛으로(휘포 투 포토스 ὑπὸ τοῦ φωτὸς)[빛에 의해] **나타나나니 나타나지는 것마다 빛이니라.**

죄인들은 악을 은밀히 행한다. 그러나 그들이 은밀히 행하는 일들, 즉 어두움의 일들은 말하기도 부끄러운 것들이다. 그러므로 양심이 있는 사람들은 그것들을 부끄러워하고 그것에 대해 말하기도 부끄러워한다. 공공연하게 뻔뻔스럽게 악을 행하는 소수의 사람들을 제외하고는 대다수의 사람들은 악을 행할 때 그 행위의 악함을 느끼면서 행하며 그들의 악이 혹시 드러날 때면 자기 얼굴을 가리우며 부끄러워할 것이다. 그러나 책망을 받는 모든 것들이 빛에 의해 나타날 것이다. 죄의 죄악됨과 헛됨과 사악함이 책망될 때, 그것과 대조해 무엇이 옳은 것이며 무엇이 선한 것인지 드러나는 것이다.

〔14절〕 그러므로 이르시기를 잠자는 자여, 깨어서 죽은 자들 가운데서 일어나라. 그리스도께서 네게 비취시리라 하셨느니라.

'잠자는 자'는 성도들 중에 바로 살지 못하는 자들을 가리킨다. 그들은 죽은 자들이 아니다. 그들은 죽었던 영혼이 거듭난 자들이다. 그러므로 그들은 영적으로 죽어 있는 사람들 가운데서 일어나야 한다. 그들은 깨어 불경건한 세상 속에서 빛된 삶을 살아야 한다. 즉 그들은 경건하고 거룩하고 의롭고 선하고 진실한 삶을 살아야 하는 것이다. 이것이 구원에 합당하다. 우리 구주 예수 그리스도께서 참 빛으로 세상에 오신 것은 우리에게 참된 지식과 도덕성의 빛을 비추셔서 우리로 하여금 모든 불경건과 불의와 죄악을 버리고 경건하고 거룩하고 의롭고 선하고 진실하게 살게 하시기 위해서이다.

본문의 교훈을 정리해보자. 첫째로, 우리는 빛의 자녀들처럼 행해야 한다. 우리가 전에는 세상 사람들처럼 어두움이었다. 그것은 무지하고 불경건하고 악하고 거짓된 삶을 뜻한다. 그러나 우리는 지금 주 안에서 빛이 되었다. 하나님께서는 빛이시다. 우리는 참 빛이신 하나님을 알고 그를 섬기며 그의 뜻대로 살기를 원하는 자들이 되었다. 그러므로 우리는 빛의 자녀들처럼 경건하고 정직하고 선하고 진실하게 살아야 한다.

둘째로, 우리는 열매 없는 어두움의 일들에 참여하지 말고 그것들을 드러내고 책망해야 한다. 하나님의 은혜로 택하심을 입고 예수 그리스도의 피로 구원 얻은 성도들은 이제는 열매 없는 헛되고 무가치한 어두움의 행위들에 참여하지 말아야 할 뿐 아니라, 그런 행위들을 드러내고 책망해야 한다. 7절, "그러므로 저희와 함께 참여하는 자 되지 말라." 시편 1:1, "복 있는 사람은 악인의 꾀를 좇지 아니하며 죄인의 길에 서지 아니하며 오만한 자의 자리에 앉지 아니하고." 고린도후서 6:17, "주께서 말씀하시기를 너희는 저희 중에서 나와서 따로 있고[분리하고] 부정한 것을 만지지 말라." 우리는 범죄치 말고 죄를 책망해야 한다.

셋째로, 잠자는 자들은 깨어 일어나야 한다. 누가 잠자는 자들인가? 예수 그리스도를 구주와 주님으로 진심으로 믿으면서도 아직 죄 가운데 있는 자들이 그런 자들이다. 깨어 일어나는 것이 무엇인가? 그것은 죄를 회개하고 하나님께 자신의 회복을 진심으로 간구하고 결심하는 것이다. 그는 멸망할 세상과 함께 멸망할 자가 아니다. 그는 멸망할 자들과 구별되어야 하고 돌이켜 새로운 삶으로 자신을 증거해야 한다.

15-21절, 지혜, 성령 충만, 찬송, 감사

〔15절〕 **그런즉 너희가 어떻게** [정확히] **행할 것을 (자세히) 주의하여 지혜 없는 자같이 말고 오직 지혜 있는 자같이** 하여.

'자세히'라는 원어(아크리보스 ἀκριβῶς)는 한글개역 성경에 여러 번 '자세히'라고 번역되었으나(마 2:8; 눅 1:3; 행 18:25; 살전 5:2) 그 뜻은 '[표준에 맞게] 정확히'라는 뜻이며 전통본문에는 '행할 것'이라는 말에 연결된다.[22] 성경은 우리의 행위의 표준이다. 우리는 성경의 표준에 맞게 정확히 행하여야 한다. 그것이 의이다. 또 의롭게 행하는 것이 지혜이며 그렇지 못한 것이 어리석음이다. 시편 119:1, "행위 완전하여 여호와의 법에 행하는 자가 복이 있음이여." 성경의 요점은 우리가 모든 죄를 버리고 예수 그리스도와 그의 속죄사역만 믿고 죄 씻음과 의롭다 하심을 얻고, 성경을 주야로 묵상하고 기도에 힘쓰고 성경 교훈대로 의롭고 선하고 진실하게 사는 것이다.

〔16-17절〕 **세월을 아끼라**(엑사고라조메노이 톤 카이론 ἐξαγοραζόμενοι τὸν καιρόν)[시간을 최선용하라]. [이는] **때가 악하니라**[악함이니라]. **그러므로 어리석은 자가 되지 말고 오직 주의 뜻이 무엇인가 이해하라.**

'세월을 아끼라'[시간을 사서 건지라]는 말은 시간을 낭비하지 말고 최선용하라는 뜻이다. 그것은 때가 악하기 때문이다. 세상의 죄악된 유행과 풍조는 교인들을 죄에 빠뜨리려 하며, 물질적 탐욕과 육신적 쾌락은 교인들을 유혹하며, 세상의 염려들은 교인들의 믿음을 약화시키고 세상의 바쁜 일들은 교인들로 점점 교회의 일에 참여치 못하게 만든다. 악한 시대는 때때로 성도들을 핍박한다. 또 이 세상은 전도를 방해한다. 슬프게도, 오늘날 공영 방송들은 하나님의 구원의 진리 외의 거의 모든 것을 전달하고 있다. 헛된 사상들과 이념들, 헛된 오락들, 불륜과 외도, 술취함, 폭력, 음란성 있는 복장과 노래와 춤, 심지어

---

22) Byz A D it$^{(d)}$ vg (arm) cop^{bo-mss} 등이 그러함.

귀신 이야기들까지 전달하고 있다. 이런 것들은 다 전달할 수 있으나, 하나님의 진리만은 제외되고 있다.

우리는 어리석은 자들처럼 세월을 낭비하지 말아야 한다. 지나간 시간은 되돌릴 수 없다. 사람의 생애는 한 번뿐이다. 우리는 주의 뜻을 이해하고 그 뜻에 맞게 살아야 한다. 하나님의 뜻은 성경에 밝히 계시되어 있고 기록되어 있다. 로마서 12:1-2, “형제들아, 내가 하나님의 모든 자비하심으로 너희를 권하노니 너희 몸을 하나님께서 기뻐하시는 거룩한 산 제사로 드리라. 이는 너희의 드릴 영적 예배니라. 너희는 이 세대를 본받지 말고 오직 마음을 새롭게 함으로 변화를 받아 하나님의 선하시고 기뻐하시고 온전하신 뜻이 무엇인지 분별하도록 하라.” 하나님의 뜻은 첫째는 택함 받은 자들의 구원이며, 또한 성도가 경건하고 의롭고 선하고 진실하게 사는 것이다.

〔18절〕 술 취하지 말라. 이는 방탕한 것이니 오직 성령[님]의 충만을 받으라(플레루스데 πληροῦσθε)(현재수동태는 반복적 행위를 보임).

술은 육신적 기쁨을 위하고 세상의 근심과 고통을 잊으려고 사용된다. 그러나 술 취하는 것은 사람으로 하여금 자제력을 잃게 만들고 실수하게 하며 방탕에 떨어지게 한다. 그러므로 사도 바울은 술 취하는 자가 천국에 들어갈 수 없다고 말했다(고전 6:10; 갈 5:21). 그러므로 술을 끊는 것은 성도의 좋은 전통이다. 잠언 23:31, “포도주는 붉고 잔에서 번쩍이며 순하게 내려가나니 너는 그것을 보지도 말지어다.”

성도는 술 취함 대신 성령님의 충만을 받아야 한다. 하나님의 영이신 성령께서 구원 얻은 성도들 속에 오셔서 영원히 거하신다는 사실은 참으로 큰 복이다. 그것은 하나님께서 구원 얻은 우리와 영원히 함께하시는 것이다. 성령께서는 ‘보혜사’(파라클레토스 παράκλητος)라고 불리는데 그것은 ‘위로자’라는 뜻이다. 성도들은 성령님의 충만함을 받음으로 풍성한 위로를 얻는다. ‘성령님의 충만을 받으라’는 원어는 ‘계속 성령님의 충만을 받으라’는 뜻이다. 성령님의 충만은 한

번만 가지는 일이 아니고 계속 반복적으로 가져야 하는 일이다. 또 '충만을 받으라'는 말은 수동적 의미를 가진다. 성령님의 충만함을 받는 일에 있어서 우리는 주체가 아니고 대상이며 성령께서 주체이시다. 성령께서는 우리 속에 충만히 거하시고 큰 위로와 힘을 주신다.

〔19절〕 시와 찬미와 신령한 노래들[영적인 노래들]**로 서로 화답하며 너희의 마음으로 주께 노래하며 찬송하며.**

성도의 정상적인 삶은 성령님의 충만한 삶이요 그것은 하나님께 대한 찬송과 감사의 행위로 나타난다. 본문의 '시'는 시편을 가리킨 듯하고, '찬미 혹은 찬송'은 하나님의 이름과 그의 속성들과 그의 하신 일들을 인정하고 높이는 노래를 가리킨다. '영적인 노래들'은 성도들의 신앙생활 속에서 나오는 간증적 노래들을 가리킬 것이다(예를 들면, 신명기 32장 같은 것 등). 그것은 성도들의 감사와 회개와 선한 결심 등의 내용이다.

'서로 화답하라'는 말은 '서로들에게 말하라'는 뜻인데, 이것은 시와 찬송과 영적 노래들이 하나님께 드려질 뿐만 아니라, 또한 다른 성도들에게도 들려짐으로써 그들의 신앙생활에 유익을 주게 하고 그래서 다 함께 하나님께 영광이 되는 선한 삶을 살게 하라는 뜻이다. 본절과 비슷한 교훈인 골로새서 3:16의 원문은 "모든 지혜로, 시와 찬송과 영적 노래로 피차 가르치며 권면하라"고 번역할 수 있다.

"너희의 마음으로 주께 노래하며 찬송하라"는 말씀은 찬송과 영적 노래들이 우리의 입이나 목에서만 나와서는 안 되고 마음 중심에서 나와야 함을 보인다. 그것은 우리가 마음으로 주 예수님을 믿고 사랑하고 순종하며 찬송해야 한다는 뜻이다. 이런 점에서, 교회 찬양대는 일반 합창단들과 다르다. 찬양대의 의미와 가치가 다를 뿐만 아니라 찬양의 내용이나 방법도 다르다. 세상 노래들은 단지 사람의 감정을 표현하는 사람 중심의 노래들이다. 그러나 찬양은 하나님께 영광을 돌리는 하나님 중심의 노래들이다.

시편 33:1, “너희 의인들아, 여호와를 즐거워하라. 찬송은 정직한 자의 마땅히 할 바로다.” 시편 96:1-2, “새 노래로 여호와께 노래하라. 온 땅이여, 여호와께 노래할지어다. 여호와께 노래하여 그 이름을 송축하며 그 구원을 날마다 선파할지어다.” 시편 100:1-2, “온 땅이여, 여호와께 즐거이 부를지어다. 기쁨으로 여호와를 섬기며 노래하면서 그 앞에 나아갈지어다.”

〔20절〕 범사에 우리 주 예수 그리스도의 이름으로 항상 아버지 하나님께 감사하며.

우리는 하나님께 감사드려야 한다. 하나님께서는 온 세상을 만드신 창조자이시며 온 세상을 다스리시며 우리의 필요한 것들을 주시는 섭리자이시다. 해마다 늦가을이 되면 우리는 올해도 우리의 육신을 위해 일용할 양식을 주신 하나님께 감사드린다. 또 우리는 우리에게 주신 건강과 직장과 가정과 사회적 안정을 인해 하나님께 감사드린다. 우리는, 무엇보다, 죄와 허물로 죽었었고 지옥 가야 마땅했던 우리를 값없이 주신 은혜로 구주 예수 그리스도를 믿음으로 말미암아 죄사함과 의롭다 하심으로 구원하셨고 천국 백성이 되게 하셨고 복된 영생을 누리게 하시는 하나님께 항상 감사드린다.

비록 우리가 지금 고난 중에 있다 할지라도, 지금 우리 자신이나 우리 가족이 무서운 병과 싸우고 있고 경제적 곤란 가운데 있고 자녀 문제로 염려하고 있고 또 우리 사회가 이념의 대립과 갈등, 경제의 파탄, 안보의 불안을 가지고 있다고 할지라도, 우리는 세상의 모든 일들을 주관하시고 우리의 생사화복과 국가의 흥망성쇠를 주장하시는 하나님만 바라보아야 한다. 우리는 먼저 혹시 우리 자신의 부족과 죄가 없는지 반성해야 하고 하나님께서 주신 훈련의 현실을 달게 받아야 한다. 중요한 것은 우리의 처한 현실의 혹독함이 아니고, 우리가 참된 믿음과 참된 회개와 간절한 기도가 있는지 여부이다.

욥은 고난 중에 “내가 모태에서 적신(赤身)이 나왔사온즉 또한 적신이 그리로 돌아가올지라. 주신 자도 여호와시요 취하신 자도 여호와시오니 여호와의 이름이 찬송을 받으실지니이다"라고 고백했다(욥 1:21). 사도 바울은 "우리가 알거니와 하나님을 사랑하는 자 곧 그 뜻대로 부르심을 입은 자들에게는 모든 것이 합력하여 선을 이루느니라"(롬 8:28)고 말했다. 참된 성도들에게는 고난은 있으나 보호하심과 회복하심도 있고 합력하여 선을 이룸도 있다. 그러므로 우리는 범사에 우리 주 예수 그리스도의 이름으로 항상 하나님께 감사해야 한다.

〔21절〕 그리스도[하나님](전통사본 다수)**를 경외함으로 피차 복종하라.**

또 우리는 하나님을 경외함으로 피차 복종해야 한다. 이것이 서로 사랑하는 정신이다. 주께서는 "너희 중에 누구든지 크고자 하는 자는 너희를 섬기는 자가 되라"고 교훈하셨다(마 20:26). 사도 바울은 "서로 우애하고 존경하기를 서로 먼저 하라"고 교훈했고(롬 12:10) 또 "겸손한 마음으로 각각 자기보다 남을 낫게 여기라"고 했다(빌 2:3).

본문의 교훈들을 정리해보자. 첫째로, 우리는 정확히 행할 바를 주의하여 지혜 없는 자같이 말고 지혜 있는 자같이 해야 한다. 성경은 우리의 행위의 표준이다. 성경에 맞게 행하는 것이 의이며 지혜이다.

둘째로, 우리는 때가 악하므로 세월을 아끼고 하나님의 뜻이 무엇인지 이해해야 한다. 시간은 흐르는 물과 같이 빠르게 지나간다. 우리는 시간을 아끼고 하나님의 선한 일들을 위해 자신을 드려야 한다.

셋째로, 우리는 술취하지 말고 성령의 충만을 받아야 하고 하나님께 진심의 찬송을 올리고 범사에 우리 주 예수 그리스도의 이름으로 항상 아버지 하나님께 감사해야 한다. 성도의 정상적인 삶은 성령님의 충만한 삶이요 그것은 하나님께 대한 진심의 찬송과 감사로 나타난다.

넷째로, 우리는 하나님을 경외함으로 피차 복종해야 한다. 하나님의 뜻은 우리가 하나님을 경외하고 서로 사랑하며 피차 복종하는 것이다. 사랑은 상대방을 지배하는 것이 아니고 상대방을 섬기는 것이다.

22-33절, 아내와 남편의 의무

〔22-24절〕 아내들이여, 자기 남편에게 복종하기를 주께 하듯 하라. 이는 남편이 아내의 머리됨이 그리스도께서 교회의 머리됨과 같음이니 그가 친히 몸의 구주시니라. 그러나(알 ἀλλ')[그런즉, 그러므로](KJV)[23] **교회가 그리스도에게 하듯 아내들도 범사에 그 남편에게 복종할지니라.**

아내들은 자기 남편들에게 복종해야 할 의무가 있다. 복종하되 주께 복종하듯이 해야 한다. 아내들이 자기 남편들의 말에 대항하는 것은 옳지 않다. 그것은 아내의 의무를 저버리는 것이기 때문이다. 교회가 주 예수 그리스도께 복종하듯이, 아내들은 자기 남편들에게 복종해야 한다. 아내들이 남편들에게 복종해야 하는 이유는 성경이 그렇게 가르치기 때문이다. 특히 본문은 남편들이 자기 아내들의 머리라고 가르친다. 머리와 몸의 관계는 명령과 순종의 관계이다. 남편들이 아내들의 머리이기 때문에, 아내들은 남편들에게 복종해야 한다.

그리스도께서 교회를 극진히 사랑하셔서 자신을 속죄제물로 내어주셨기 때문에 교회가 그리스도께 범사에 복종해야 하듯이, 아내들은 범사에 남편들에게 복종해야 한다. 아내들의 복종은 거의 절대적이어야 한다. 단지 한가지 예외가 있다면, 그것은 하나님의 뜻에 명백히 어긋나는 일 즉 죄 되는 일의 경우이다. 그러나 죄 되는 일 외에는 언제든지 무엇에든지 아내들은 그 남편들에게 복종해야 한다.

골로새서 3:18, "아내들아, 남편에게 복종하라. 이는 주 안에서 마땅하니라." 디도서 2:3-5, "늙은 여자로는 이와 같이 행실이 거룩하며 참소치 말며 많은 술의 종이 되지 말며 선한 것을 가르치는 자들이 되고 저들로 젊은 여자들을 교훈하되 그 남편과 자녀를 사랑하며 근신하며 순전하며 집안 일을 하며 선하며 자기 남편에게 복종하게 하

---

23) 이 말은 보통 '그러나'라고 번역하지만, 이 경우에는 문맥적으로 '그런즉, 그러므로'라는 뜻이 가능하다고 본다(BDAG).

라. 이는 하나님의 말씀이 훼방을 받지 않게 하려 함이니라.” 베드로전서 3:1-6, “아내된 자들아, 이와 같이 자기 남편에게 순복하라. 이는 혹 도를 순종치 않는 자라도 말로 말미암지 않고 그 아내의 행위로 말미암아 구원을 얻게 하려 함이니 너희의 두려워하며 정결한 행위를 봄이라. 너희 단장은 머리를 꾸미고 금을 차고 아름다운 옷을 입는 외모로 하지 말고 오직 마음에 숨은 사람을 온유하고 안정한 심령의 썩지 아니할 것으로 하라. 이는 하나님 앞에 값진 것이니라. 전에 하나님께 소망을 두었던 거룩한 부녀들도 이와 같이 자기 남편에게 순복함으로 자기를 단장하였나니 사라가 아브라함을 주라 칭하여 복종한 것같이 너희가 선을 행하고 아무 두려운 일에도 놀라지 아니함으로 그의 딸이 되었느니라.”

〔25절〕 남편들아, [자기] **아내 사랑하기를 그리스도께서 교회를 사랑하시고** [그것을] **위하여 자신을 주심같이 하라.**

남편들은 자기 아내들을 사랑해야 할 의무가 있다. 그리스도께서는 교회를 위해 자신을 희생하셨다. 우리가 그를 사랑하였기 때문에 그가 우리를 사랑하신 것이 아니었다. 남편들은 자기 아내들을 그런 사랑으로 사랑해야 한다. 남편들은 어떤 경우에라도 자기 아내들을 사랑해야 한다. 거기에는 어떤 예외도 있을 수 없어 보인다.

골로새서 3:19, “남편들아, 아내를 사랑하며 괴롭게 하지 말라.” 베드로전서 3:7, “남편된 자들아, 이와 같이 지식을 따라 너희 아내와 동거하고 저는 더 연약한 그릇이요 또 생명의 은혜를 유업으로 함께 받을 자로 알아 귀히 여기라. 이는 너희 기도가 막히지 아니하게 하려 함이라.” 자기 아내를 사랑치 않는 남편들은 기도가 막힐 것이다.

〔26-27절〕 이는 [그가 그것을] **곧 물로 씻어 말씀으로 깨끗하게 하사 거룩하게 하시고 자기 앞에 영광스러운 교회로 세우사 티나 주름잡힌 것이나 이런 것들이 없이 거룩하고 흠이 없게 하려 하심이니라.**

사도 바울은 남편들의 의무를 설명하다가 교회의 거룩함에 대해 말한다. 교회의 거룩함은 예수 그리스도의 사역의 한 중요한 목표이다. 교회란 구원 얻은 성도들의 모임이다. 주 예수 그리스도께서는 이 교회를 위해 자신을 대속 제물로 주셨다. 그는 하나님의 택함을 받은 영혼들이 그 구원의 복음의 말씀을 믿음으로 깨끗함과 거룩함을 얻게 하시고 티나 주름잡힌 것이 없고 거룩하고 흠이 없는 영광스러운 교회가 되게 하시기를 원하셨다. 그의 구원 사역은 하나님의 뜻대로 그대로 다 성취되었다. 주의 피로 구속(救贖)받고 복음으로 깨끗하게 된 교회는 법적으로는 이미 거룩하고 영광스러운 교회가 되었다.

그러나 교회 곧 구원 얻은 성도들은 실제적으로도 그러해야 한다. 즉 교회는 교리적으로나 윤리적으로 거룩하고 완전한 교회가 되기 위해 힘써야 한다. 비록 지상에서 이런 노력은 불완전하며 우리의 의는 여전히 예수 그리스도의 보배로운 피로 사신 의밖에 없지만, 우리는 성도들과 교회들의 거룩함과 완전함을 위해 힘써야 한다. 왜냐하면 성도들의 성화와 온전함은 하나님의 뜻이기 때문이다(살전 4:3). 성도들과 교회들이 사상이나 생활에 있어서 거룩하지 못하다면 그것은 지극히 성도답지 못하며 교회답지 못한 것이다.

〔28절〕 이와 같이 남편들도 자기 아내 사랑하기를 제 몸같이 할지니 자기 아내를 사랑하는 자는 자기를 사랑하는 것이라.

남편들은 자기의 아내들을 자기의 몸같이 사랑해야 한다. 왜냐하면 하나님께서 남자의 갈비뼈로 여자를 만드셨기 때문이다. 즉 아내는 남이 아니고 남편의 몸의 중요한 한 부분이었다. 그러므로 아내를 사랑하는 것은 곧 자기의 몸을 사랑하는 것과 같다.

〔29-30절〕 [이는] **누구든지 언제든지 제 육체를 미워하지 않고 오직 양육하여 보호하기를 그리스도께서**[주께서](전통사본) **교회를 보양함과 같이 하나니**[함이니 이는] **우리는 그 몸의**[그 몸과 살과 뼈의][24] **지체임이니라.**

---

24) Byz it^{d} vg $syr^{(p)}$ arm Irenaeus 등이 그러함.

사람은 누구나 언제든지 자기의 몸을 사랑하며 자기의 몸의 건강을 위해 음식을 먹고 적절한 운동을 하고 또 옷을 입혀 몸을 보호한다. 우리 주 예수 그리스도께서도 그의 몸의 지체인 교회를 이처럼 보살피시고 공급하시고 양육하시고 보호하신다.

〔31-32절〕 이러므로 사람이 부모를 떠나 그 아내와 합하여 그 둘이 한 육체가 될지니 이 비밀이 크도다. [그러나] **내가 그리스도와 교회에 대하여 말하노라.**

결혼이란 남자가 그 부모를 떠나 아내와 연합하여 한 몸이 되는 일이다. 창세기 2:24, "이러므로 남자가 부모를 떠나 그 아내와 연합하여 둘이 한 몸을 이룰지로다." '부모를 떠난다'는 말씀은 결혼이 독립 가정을 이루는 일임을 나타낸다. '아내와 연합하여 한 몸이 된다'는 말씀은 부부의 관계는 인간 관계 가운데 가장 친밀한 관계임을 나타낸다. 부부는 부모와 자녀와의 관계보다도 더 가까운 관계이다.

사도 바울은 결혼 관계의 비밀이 그리스도와 교회의 관계를 상징한다고 말한다. 성경은 과연 그리스도와 교회의 관계를 결혼의 비유로 종종 표현한다. 고린도후서 11:2, "내가 하나님의 열심으로 너희를 위하여 열심 내노니 내가 너희를 정결한 처녀로 한 남편인 그리스도께 드리려고 중매함이로다." 요한계시록 19:7-8, "우리가 즐거워하고 크게 기뻐하여 그에게 영광을 돌리세. 어린양의 혼인 기약이 이르렀고 그 아내가 예비하였으니 그에게 허락하사 빛나고 깨끗한 세마포를 입게 하셨은즉 이 세마포는 성도들의 옳은 행실(타 디카이오마타 τὰ δικαιώματα)[의들]이로다." 성도들이 주 예수 그리스도 안에서 은혜로 의롭다 하심을 얻고 풍성한 생명(요 10:10)과 힘을 얻는 것(요 15:4-5)은 영적 연합의 신비이다. 우리는 주 예수 그리스도와 영적으로, 신비적으로 연합되었고 예수 그리스도의 몸의 지체들이 되었다.

〔33절〕 그러나 너희도 각각 자기의 아내 사랑하기를 자기같이 하고 아내도 그 남편을 경외하라[존중하라, 존경하라].

남편들은 자기의 아내들을 사랑하기를 자기 자신을 사랑하는 것같이 하고 아내들은 자기 남편들을 존중하고 존경해야 한다.

본문의 교훈을 다시 정리해보자. 첫째로, 아내들은 자기 남편들에게 복종해야 한다. 이것은 성경에 밝히 교훈된 하나님의 뜻이며 명령이다. 성경은 남존여비 사상을 가르치는 것이 아니고 단지 하나님의 창조의 의도와 가정의 질서에 대해 말하는 것이다. 하나님께서는 남자를 돕는 자가 되게 하시기 위해 여자를 창조하셨다. 그는 남편을 아내의 머리로 세우셨다. 그러므로 아내는 자기 남편을 자기의 머리로 여기며 순종하고 복종해야 한다. 교회 곧 구원 얻은 성도들이 주 예수 그리스도에게 복종하듯이, 아내는 자기의 남편에게 복종해야 한다. 본문은 아내들이 범사에 자기 남편들에게 복종하라고 교훈한다. 그것은 죄 되는 일 외에는 항상 복종하라는 뜻이다. 또 아내는 남편을 존중하고 존경해야 한다.

둘째로, 남편들은 자기 아내들을 사랑해야 한다. 이것도 성경에 밝히 교훈된 하나님의 뜻이며 명령이다. 아내는 남편의 몸의 한 부분, 즉 그의 갈비뼈이었다. 그러므로 아내를 사랑하는 것은 결국 자기 몸을 사랑하는 것이다. 주 예수 그리스도께서 교회를 사랑하시고 십자가에 속죄제물로 자신을 내어주심같이, 남편은 자기 아내를 무조건적으로, 희생적으로 사랑해야 한다. 우리의 믿음은 순종생활로 나타나야 한다. 아내의 순종과 남편의 사랑은 하나님의 명령이며 뜻이다. 우리가 하나님의 명령과 뜻에 순종할 때 우리 자신도 우리 가정도 평안하고 복될 것이다.

셋째로, 우리는 예수 그리스도의 은혜를 잊지 말고 억만분지 일이라도 보답해야 한다. 우리는 과거에 하나님과 그의 계명들을 알지 못하고 죄 가운데 살았던 자들이었다. 하나님의 아들 구주 예수 그리스도께서는 우리를 위해 십자가에 달려 속죄제물로 죽으심으로 우리를 깨끗하고 거룩하게 하셨고 티나 주름잡힌 것이 없고 거룩하고 흠이 없는 영광스러운 교회가 되게 하셨다. 우리는 그 은혜를 잊지 말고 억만분지 일이라고 보답하는 양으로 모든 죄를 멀리하고 의와 선을 행해야 한다.

6장: 교회의 전투성

1-9절, 자녀와 부모, 종과 주인의 의무

〔1절〕 자녀들아, 너희 부모를 주 안에서 순종하라. [이는] **이것이 옳으니라**[옳음이니라].

자녀들은 그들의 부모를 주 안에서 순종해야 한다. 이것이 옳은 일이기 때문이다. 그것은 십계명의 제5계명에 담긴 하나님의 뜻이다. '주 안에서 순종하라'는 말씀은 자녀가 부모에게 순종해야 할 근거를 보인다. 그 근거는 하나님께서 친히 그것을 명하셨기 때문이다. 우리가 하나님을 인정하고 하나님 안에 사는 그의 백성이라면 우리는 이 계명에 순종해야 한다. '주 안에서 순종하라'는 말씀은 순종의 한계도 보인다. 부모의 명령이 하나님의 뜻에 반대된다면 부모에게 순종할 수 없다. 부모보다 더 높으신 하나님께 순종해야 하기 때문이다.

〔2-3절〕 네 아버지와 어머니를 공경하라. 이것이 약속 있는 첫 계명이니 이는 네가 잘되고 땅에서 장수하리라.

자녀들은 자기들을 낳으시고 기르신 부모를 공경해야 한다. 그들은 부모를 무시하지 말고 그들의 사랑과 수고를 인정하고 감사해야 한다. 하나님께서는 부모를 공경하라는 계명에서 "그리하면 내가 네게 준 땅에서 네 생명이 길리라"(출 20:12)고 약속하셨다. 그는 부모를 공경하며 순종하는 자녀들에게 현세에서도 잘되고 오래 사는 복을 주실 것이다. 구약시대에 룻과 에스더는 좋은 예이다. 룻기 3:5, "룻이 시모에게 이르되 어머니의 말씀대로 내가 다 행하리이다." 에스더 2:20, "에스더가 모르드개[에스더를 길러준 부모와 같은 사촌 오빠]의 명한 대로 그 종족과 민족을 고하지 아니하니 저가 모르드개의 명을 양육받을 때와 같이 좇음이더라." 그들의 생애는 복되었다.

그러나 구약시대에 이 계명을 어기는 자는 엄하게 징벌되었다. 신명기 21:18-21에 보면, 부모의 말을 듣지 않는 완악하고 패역한 아들은 부모가 그를 성읍 장로들에게 내어주고 성읍의 모든 사람은 그를 돌로 쳐죽임으로써 이스라엘 사회에서 악을 제거해야 했다.

〔4절〕 또 아비들아, 너희 자녀를 노엽게 하지 말고 오직 주의 교양과 훈계로 양육하라.

본문은 자녀 교육의 의무를 교훈한다. "아비들아"라는 말씀은 자녀 교육의 주체가 아버지임을 보인다. 자녀 교육은 정부나 학교에 맡겨진 일이 아니고 심지어 교회에 맡겨진 일도 아니고 부모에게, 그것도 아버지에게 맡겨진 일이다. 아버지는 하나님께서 맡기신 자녀 교육의 책임을 인식하고 그것을 완수해야 한다. 사도 바울은 장로와 감독의 자격을 말하면서 "자기 집을 잘 다스려 자녀들로 모든 단정함으로 복종케 하는 자라야 할지며 (사람이 자기 집을 다스릴 줄 알지 못하면 어찌 하나님의 교회를 돌아보리요)"라고 말했다(딤전 3:4-5).

"너희 자녀를 노엽게 하지 말라"는 말씀은 자녀들을 비인격적으로 대하거나 학대하지 말라는 뜻을 포함한다. 부모는 자녀들을 어리다고 무시하거나 부당한 명령을 하거나 강압하고 위협하거나 구타해서는 안 된다. 그것은 자녀 교육에 해가 되며 그들을 빗나가게 만들며 겉으로만 순종하는 이중적 인격을 만들기 쉽다.

"주의 교양과 훈계로 양육하라"는 것은 자녀 교육의 방법을 말씀한다. '교양'이라는 원어(파이데이아 παιδεία)는 '교육, 훈련, 징계' 등의 포괄적 의미를 가진다. 또 '훈계'라는 원어(누데시아 νουθεσία)는 '훈계, 권면, 경고 등'의 뜻을 가진다. 우리는 주께서 주신 성경말씀을 가지고 교훈하고 훈련하고 훈계하고 권면하고 경고해야 한다. 잠언 22:6, "마땅히 행할 길을 아이에게 가르치라. 그리하면 늙어도 그것을 떠나지 아니하리라." 부모는 하나님께서 자기 자녀들에게 은혜 주시기를 겸손히 간구해야 하고 늘 교훈하고 또 선한 본을 보여야 한다.

부모는 자녀들에게 날마다 규칙적 성경 읽기와 기도뿐 아니라, 성수주일(聖守主日)과 십일조 등 기본적인 경건 훈련을 시켜야 하고 또 의와 선과 진실의 도덕 훈련을 시켜야 한다.

이사야 58:13-14, "만일 안식일에 네 발을 금하여 내 성일에 오락을 행치 아니하고 안식일을 일컬어 즐거운 날이라, 여호와의 성일을 존귀한 날이라 하여 이를 존귀히 여기고 네 길로 행치 아니하며 네 오락을 구치 아니하며 사사로운 말을 하지 아니하면 네가 여호와의 안에서 즐거움을 얻을 것이라." 성수주일은 복되다!

말라기 3:8-10, "사람이 어찌 하나님의 것을 도적질하겠느냐? 그러나 너희는 나의 것을 도적질하고도 말하기를 우리가 어떻게 주의 것을 도적질하였나이까 하도다. 이는 곧 십일조와 헌물이라. 너희 곧 온 나라가 나의 것을 도적질하였으므로 너희가 저주를 받았느니라," "너희의 온전한 십일조를 창고에 들여 나의 집에 양식이 있게 하고 그것으로 나를 시험하여 내가 하늘 문을 열고 너희에게 복을 쌓을 곳이 없도록 붓지 아니하나 보라." 십일조 생활도 복되다!

또 부모는 자녀가 잘못할 때 징계하고 체벌해야 한다. 잠언 13:24, "초달을 차마 못하는 자는 그 자식을 미워함이라. 자식을 사랑하는 자는 근실히[늦기 전에] 징계하느니라." 잠언 22:15, "아이의 마음에는 미련한 것이 얽혔으나 징계하는 채찍이 이를 멀리 쫓아내리라." 잠언 23:13-14, "아이를 훈계하지 아니치 말라. 채찍으로 그를 때릴지라도 죽지 아니하리라. 그를 채찍으로 때리면 그 영혼을 음부[지옥]에서 구원하리라." 잠언 29:15, "채찍과 꾸지람이 지혜를 주거늘 임의로 하게 버려두면 그 자식은 어미를 욕되게 하느니라."

자녀 교육에 있어서는 비인격적이고 지나치게 엄격한 규율과 체벌을 가진 소위 스파르타식 교육도 잘못이지만, 엄격한 교훈과 규율과 체벌이 전혀 없는 자유방임적 교육도 잘못된 교육 방식이다.

〔5-7절〕 종들아, 두려워하고 떨며 성실한 마음으로(하플로테티 테스 카르디아스 ἁπλότητι τῆς καρδίας)[마음의 단순함, 신실함, 진실함] **육체의 상전에게 순종하기를 그리스도께 하듯 하여 눈가림만 하여 사람을 기쁘게 하는 자처럼 하지 말고 그리스도의 종들처럼 마음으로 하나님의 뜻을 행하여 단 마음으로 섬기기를 주께 하듯 하고 사람들에게 하듯 하지 말라.**

종들은 자기들의 주인에게 순종해야 한다. 그들은 주인에게 '두려워하고 떨며' 순종해야 한다. 이것은 주인의 권위를 인정하면서 순종하라는 뜻이다. 종이 주인을 존중하지 않고 무시하면 그에게 순종하기 어렵다. 그들은 두려워하는 마음을 가지고 순종해야 한다.

또 그들은 주인에게 '단순한 마음으로' 순종해야 한다. 그것은 그들이 그들의 마음을 다른 곳에 두지 않고 맡겨진 일에 단순하게 진실하게 두는 것을 뜻한다. 그것이 종들이 가져야 할 마음가짐이다. 종들은 종의 위치에서 모든 일을 단순하게 생각해야 한다. 그들은 주인의 모든 일들을 다 알려고 하거나 다 판단하려고 해서는 안 될 것이다.

또 그들은 '그리스도께 하듯' 주인에게 순종해야 한다. 이것은 놀라운 교훈이다. 주인이 그리스도가 아니지만 그들은 그리스도께 하듯이 주인에게 순종해야 한다. 이것은 아내들이 자기 남편들에게 그리스도께 하듯이 순종하는 것과 같다.

또 그들은 주인 앞에 눈가림으로만 하지 말고 그리스도의 종들처럼 '단 마음으로' 해야 한다. 즉 겉보기에는 주인을 섬기는 것 같으나 실상은 그렇지 않은 방식으로 일하지 말라는 것이다. 그들은 우리의 중심을 다 보시고 다 아시는 주 앞에서 단 마음으로 일해야 한다.

본문의 교훈은 오늘날 사회의 각 분야에서 직책상 아랫사람들에게 적용될 수 있다. 아랫사람들은 단순한 마음으로 자기의 직책에 충실하고 윗사람에게 순종하며 눈가림으로만 하지 말고 우리의 중심을 아시는 그리스도를 섬기듯이 단 마음으로 일해야 할 것이다.

〔8절〕 이는 각 사람이 무슨 선을 행하든지 종이나 자유하는 자나 주에게

[주님께] **그대로 받을 줄을 앎이니라.**

종이나 자유인이나 우리의 선행은 주께로부터 보상을 받을 것이다. 우리의 보상은 단지 종교적 봉사의 행위에만 있는 것이 아니고 또한 세속적 직업에서의 선행에도 있을 것이다. 그렇다면, 우리는 우리의 세상 직업에서 감사하게, 진실하게, 보람되게 선을 행할 수 있을 것이다. 그 보상은 마지막 심판 날에 주실 보상일 뿐만 아니라, 이 세상에서도 기대할 만한 보상일 것이다. 하나님께서는 경건하게 사는 자들에게 내세의 복뿐 아니라, 현세의 복도 약속하셨다(딤전 4:8).

〔9절〕 상전들아, 너희도 저희에게 이와 같이 하고 공갈[위협]**을 그치라. 이는 저희와 너희의**[이는 또한 너희 자신의](전통사본) **상전이 하늘에 계시고 그에게는 외모로 사람을 취하는 일이 없는 줄 너희가 앎이니라.**

본문은 주인들도 종들에게 "이와 같이 하라"고 말한다. 이 말씀은 종들이 그리스도를 섬기는 마음을 가지고 주인에게 순종해야 하듯이, 주인들도 합당한 마음을 가지고 종들을 대해야 한다는 뜻이다. 종들이 주인에게 정직하고 선하고 진실한 마음으로 대해야 하듯이, 주인들도 종들에게 정직하고 선하고 진실하게 대해야 할 것이다.

따라서 주인들은 종들을 위협하지 말아야 한다. 주인들은 종들에게 정당한 책망과 경고를 할 수 있다. 잠언 29:21에 보면, "종을 어렸을 때부터 곱게 양육하면 그가 나중에는 자식인 체하리라"는 말씀이 있다. 그것은 종에게 정당한 책망과 경고를 하지 않으면 자기 분수를 모르게 될 수 있다는 뜻일 것이다. 그러나 주인들이 종들에게 부당하고 무리한 혹은 비인격적인 책망이나 위협을 해서는 안 될 것이다. 그들은 공의롭지 못하고 인정 없는 윗사람이 되어서는 안되며 주인의 권위를 남용하거나 악용하는 자가 되어서는 안 될 것이다.

주인들이 종들을 위협해서는 안 될 이유는, 모든 주인들의 주인이신 하나님께서 하늘에 계시기 때문이다. 그는 온 세상에서 가장 크시고 높으신 주인이시다. '저희와 너희의 상전'이라는 말은 전통사본에는 '또한 너희 자신의 상전[주]'이라고 되어 있다. 하늘에 참 주인께서 계시다. 그는 공의로 세상을 심판하실 하나님이시다. 그러므로 우리가 주 하나님을 경외하고 섬기는 자들일진대, 어떻게 주인들이 종들 앞에서 교만하고 부당하고 무리한 말과 행동을 할 수 있겠는가?

본문의 교훈을 정리해보자. 첫째로, 자녀는 주 안에서 부모에게 순종하고 그들을 공경해야 한다. 그것은 십계명의 제4계명에 명령된 하나님의 뜻이며 옳은 일이다. 그것은 자녀들로서 마땅한 의무이다. 또 자녀들이 부모를 공경하고 순종하는 것은 장수(長壽)와 형통의 약속이 있는 복된 의무이다. 부모를 공경하고 순종하는 자녀들은 하나님께서 복을 주셔서 그의 삶이 복되고 잘되고 또 건강하게 오래 살 것이다.

둘째로, 부모 특히 아버지들은 자녀들을 주의 교양과 훈계로 양육해야 한다. 자녀들을 바르게 교육하는 일은 하나님께서 부모들에게, 특히 아버지들에게 주신 엄숙한 의무이다. 자녀 교육은 정부나 학교의 책임이 아니고 심지어 교회의 책임도 아니다. 그것은 일차적으로 부모들의 책임, 특히 아버지들의 책임이다. 그들은 성경의 교훈과 훈계와 징계와 기도와 경건한 본으로 자녀들을 경건하고 도덕적이게 양육해야 한다.

셋째로, 종들은 주인에게 순종하되 두렵고 떨림으로 단순한 마음으로 주 예수 그리스도를 섬기는 마음으로, 또 눈가림으로만 하지 말고 단 마음으로 해야 한다. 하나님께서는 그들의 선행에 대해 갚아주실 것이다. 이 교훈은 오늘날 성도들의 직장생활에 적용된다. 아랫사람들은 윗사람을 두려워하며 단순한 마음으로, 그리스도께 하듯이, 눈가림만 하지 말고 단 마음으로 자기에게 맡겨진 일들에 충성해야 한다.

넷째로, 주인들은 종들을 위협하지 말고 공정하고 선하고 진실하게 대해야 한다. 주인들은 종들을 인격적으로 대해야 하고, 하늘에 크시고 참되시고 공의로우신 주인이신 하나님께서 계심을 항상 기억해야 하고, 범사에 정직하게, 공정하게, 선하게, 겸손하게, 진실하게 행해야 한다.

10-24절, 하나님의 전신갑주를 입으라

〔10-11절〕 종말로 너희가 주 안에서와 그 힘의 능력으로 강건하여지고 마귀의 궤계를 능히 대적하기[대항하여 서기] **위하여 하나님의 전신갑주를 입으라.**

우리는 영적 전쟁 중에 있다. 이 전쟁에서 우리는 우선 하나님의 힘으로 강건해져야 한다. 전쟁에서 필요한 것은 강한 군사력, 즉 가장 좋은 무기들과 병사들의 체력과 용맹스런 마음이다. 우리는 '주 안에서와 그 힘의 능력으로' 강건해져야 한다. 하나님께서는 전능하시다. 힘과 능력은 하나님께 속하였다(시 62:11). 하나님께서는 피곤한 자들에게 능력을 주시며 무능한 자들에게 힘을 주신다(사 40:28-29).

우리의 싸움의 대상은 마귀와 악령들과 그들을 돕는 악한 자들이다. 마귀는 지혜와 능력이 있어 궈계 즉 간교한 계획을 가지고 우리를 넘어뜨리려 한다. 그러므로 우리는 마귀의 간교한 계획을 대항해 서기 위해 하나님의 전신갑주를 입어야 한다. 본문에는 '서기 위해'라는 말이 두 번(11, 13절), '서라'는 말이 한 번(14절) 나온다. 성도가 하나님의 전신갑주를 입는 목적과 목표는 마귀와의 싸움에 넘어지지 않고 서기 위함, 즉 승리하기 위함이다.

〔12-13절〕 [이는] **우리의 씨름**[싸움]**은 혈과 육에 대한 것이 아니요 정사와 권세와 이 어두움의 세상 주관자들과 하늘에 있는 악의 영들에게 대함이라**[대함임이니라]. **그러므로 하나님의 전신갑주를 취하라. 이는 악한 날에 너희가 능히 대적하고 모든 일을 행한 후에 서기 위함이라.**

본문은 성도들의 싸움의 대상이 누구이며 그 싸움의 성격이 어떠함을 보인다. 우리의 싸움의 대상은 단순히 사람들이 아니고 이 세상 나라 권세자들의 뒤에 있는 악령들이다. 사탄은 에덴 동산에서 인류의 시조를 범죄케 한 이후 계속하여 온 세상 사람들을 미혹하여 범죄케 하고 또 교회를 부패시키고 혼란케 해왔다.

성도들의 싸움은 영적인 싸움이다. 우리의 싸움의 대상이 사탄과 악령들이기 때문에 하나님의 전신갑주는 영적인 무장이다. 우리는 힘있는 병사로 잘 무장하고 싸움에 임할 때, 악한 날, 곧 배교와 타협과 혼돈의 날에 또 환난과 핍박의 날에, 마귀의 시험들을 능히 이기고 주께서 명하시고 맡기신 모든 일을 완수하고 설 수 있다. 그러나 겁약한 자들과 하나님의 전신갑주를 입지 않는 자들은 마귀의 시험에 넘어지며 범죄하고 실패하고 낙심하며 좌절할 것이다.

〔14-17절〕 그런즉 서서 진리로 너희 허리띠를 띠고 의의 흉배를 붙이고 평안의 복음의 예비한 것으로 신을 신고 모든 것 위에 믿음의 방패를 가지고 이로써 능히 악한 자의 모든 화전(火箭)[불화살]**을 소멸하고 구원의 투구와 성령**[님]**의 검 곧 하나님의 말씀을 가지라.**

본문은 하나님의 전신갑주를 설명한다. 첫째로, 진리로 허리띠를 띠는 것이다. '진리'는 '진실'이라는 뜻이다. 하나님께서는 진실하시며 마귀는 거짓되다. 진실은 하나님의 세계의 특징이며, 거짓은 마귀의 세계의 특징이다. 마귀와의 싸움에서 필수적인 덕은 진실이다. 우리가 진실한 마음으로 행하면 마귀는 우리를 넘어뜨릴 수 없다. '진리'는 또 하나님의 말씀을 의미할 수 있다. 요한복음 17:17에 보면, 주께서는 "아버지의 말씀은 진리니이다"라고 말씀하셨다. 우리는 진리의 말씀인 하나님의 말씀으로 허리띠를 띠어야 한다.

둘째로, 의의 흉배를 붙이는 것이다. 의는 하나님의 계명에 일치하는 것이다. 우리는 예수 그리스도를 믿음으로 의롭다 하심을 얻었다. 예수 그리스도께서는 우리의 의가 되셨다. 우리는 이 의를 늘 가슴에 품고 살아야 한다. 또 이렇게 하나님의 은혜로 단번에 의롭다 하심을 얻은 자들은 이제 죄를 멀리하고 의만 행해야 한다. 성도는 모든 죄와 불의를 멀리하고 항상 의롭고 정정당당하게 살아야 한다.

셋째로, 평안의 복음의 예비한 것으로 신을 신는 것이다. 예수 그리스도의 복음은 평안의 복음이다. 그것은 하나님과 원수 되었던 우리를 예수 그리스도의 대속의 죽음으로 하나님과 화목케 하였고 우리의 심령에 참 평안을 주었다. 예수 그리스도를 믿은 자들은 하나님과 화목했으며 마음에 평안을 얻었다. 또 우리는 이 화목과 평안의 복음의 신을 신고 만나는 자들에게 이 복음을 전해야 한다.

넷째로, 모든 것 위에 믿음의 방패를 가지는 것이다. 우리는 예수 그리스도를 믿음으로 죄사함과 의롭다 하심을 얻었다. 우리의 의는 이것뿐 예수님의 피밖에 없다. 속죄 신앙이 중요하다. 이 속죄 신앙이 구원 신앙이다. 우리의 순종과 선행은 늘 부족하지만, 우리가 마귀의 시험을 이길 수 있는 방법은 예수 그리스도를 믿는 믿음밖에 없다. 요한일서 5:4-5, "대저 하나님께로서 난 자마다 세상을 이기느니라. 세상을 이긴 이김은 이것이니 우리의 믿음이니라. 예수께서 하나님의 아들이심을 믿는 자가 아니면 세상을 이기는 자가 누구뇨?"

다섯째로, 구원의 투구를 쓰는 것이다. 이것은 구원에 대한 확고한 지식과 믿음을 가리킨다고 본다. 투구를 쓴 자는 적의 공격으로부터 안전하다. 자신의 구원에 대해 확고한 지식과 믿음이 없는 자는 마귀의 시험에 노출되어 있다. 그는 마귀의 밥이다. 그러나 우리가 구원의 확고한 지식과 믿음을 가진다면 마귀의 시험을 이길 것이다.

여섯째로, 성령님의 검 곧 하나님의 말씀을 가지는 것이다. 하나님의 말씀은 칼과 같다. 그것은 적을 공격할 수 있는 무기이다. 신구약 66권의 성경말씀은 하나님의 말씀이다. 오늘날 하나님께서는 이 책을 통해 그리고 이 책을 통해서만 말씀하신다. 주 예수께서도 마귀의 시험을 받으셨을 때 성경을 인용하심으로써 마귀를 물리치셨다. 그러므로 성도가 성경을 읽고 듣고 배우는 일은 매우 중요하다. 성경을 읽지 않고 마음에 두지 않는 자는 칼 없이 전쟁에 나가는 자와 같다. 그 전쟁의 결과는 보나마나 실패이다. 사람들은 실패의 삶을 살면서도 성경 읽기의 필요성을 깨닫지 못하고 있는 것 같다. 우리는 성령님의 검인 하나님의 말씀을 많이 읽고 배우고 묵상해야 한다.

〔18-20절〕 모든 기도와 간구로 하되 무시로[항상] **성령**[님] **안에서 기도하고 이를 위하여 깨어 (구하기를 항상 힘쓰며 여러)**[모든 인내와 간구로 모든](KJV, NASB) **성도를 위하여 구하고 또 나를 위하여** 구할 것은 **내게 말씀을 주사 나로 입을 벌려 복음의 비밀을 담대히 알리게 하옵소서 할 것이니 이 일을 위하여 내가 쇠사슬에 매인 사신이 된 것은 나로 이 일에 당연히 할 말을 담대히 하게 하려 하심이니라.**

일곱째로, 성령님 안에서 항상 기도하는 것이다. 하나님의 전신갑주의 마지막 내용은 기도이다. 우리는 '모든 기도와 간구'를 해야 한다. 우리는 자신에게 어떤 문제가 있을 때 하나님께 많이 또 간절히 기도해야 한다. 사도 바울은 데살로니가전서 5:17에서 "쉬지 말고 기도하라"고 교훈했다. '성령님 안에서'라는 말은 성령께서 우리의 기도를 도우심을 암시한다. 사도 바울은 로마서 8:26-27에서 "이와 같이 성령께서도 우리 연약함을 도우시나니 우리가 마땅히 빌 바를 알지 못하나 오직 성령께서 말할 수 없는 탄식으로 우리를 위하여 친히 간구하시느니라. 마음을 감찰하시는 이께서 성령님의 생각을 아시나니 이는 성령께서 하나님의 뜻대로 성도를 위하여 간구하심이니라"고 말했다. 성령께서는 우리의 기도를 도우신다.

기도하지 않는 자는 마귀를 이길 수 없을 것이다. 마귀는 기도하지 않는 자를 자기 밥으로 여길 것이다. 그러나 기도하는 성도는 마귀를 이길 것이다. 마귀는 기도하는 자를 무서워할 것이다. 왜냐하면 기도하는 성도의 배후에는 하나님께서 계시기 때문이다. 기도는 하나님과 동행하는 방법이며 하나님의 능력의 지원을 받는 방법이다.

우리는 깨어 모든 인내와 간구로 모든 성도를 위해 기도해야 한다. '모든 인내로'라는 말은 기도에는 많은 인내가 필요함을 보인다. 우리는 기도할 때 낙심치 말고 오래 참으면서 기도해야 한다(눅 18:1-8). 또 '깨어'라는 말은 기도가 곧 깨어 있는 일임을 증거한다. 기도하는 성도는 영적으로 깨어 있는 자이지만, 기도하지 않는 자는 영적으로 잠들어 있는 자이다.

기도의 내용에 관해, 사도 바울은 "모든 성도를 위하여 기도하라"고 교훈한다. 우리는 자신을 위해 기도할 뿐 아니라, 다른 모든 성도들을 위해 기도해야 한다. 우리가 다른 성도들을 위해 도울 수 있는 가장 좋은 방법은 기도하는 것이다. 우리가 그를 위해 기도하면 하나님께서 들어주실 것이기 때문에 다른 성도들을 위한 기도야말로 우리가 그들을 위해 할 수 있는 가장 선한 일이다.

사도 바울은 또 "나를 위하여 구하라"고 말한다. 그는 지금 쇠사슬에 매인 채 감옥에 갇혀 있는 자신의 전도 사역을 위해 성도들에게 기도를 부탁한 것이다. 비록 자신이 이런 죄수의 몸이지만, 하나님께서 그에게 말씀을 주셔서 그로 입을 벌려 복음의 비밀을 담대히 알리게 해주시기를 기도해달라고 요청한 것이다. 전도자를 돕는 방법 중에 기도보다 더 중요한 방법은 없다. 설교는 영혼들을 구원하며 그들의 믿음을 성장시키는 하나님의 방법이다(고전 1:21; 골 1:28-29). 그러므로 설교자를 위한 기도는 매우 귀하고 중요한 기도이다.

〔21-24절〕 나의 사정 곧 내가 무엇을 하는지 너희에게도 알게 하려 하노니 사랑을 받은 형제요 주 안에서 진실한 일군인 두기고가 모든 일을 너희에게 알게 하리라. 우리 사정을 알게 하고 또 너희 마음을 위로하게 하기 위하여 내가 특별히 저를 너희에게 보내었노라. 아버지 하나님과 주 예수 그리스도에게로부터 평안과 믿음을 겸한 사랑이 형제들에게 있을지어다. 우리 주 예수 그리스도를 변함 없이(엔 압다르시아 ἐν ἀφθαρσίᾳ)[식지 않고, 죽지 않고, 끝까지] **사랑하는 모든 자에게 은혜가 있을지어다.** [아멘].25)

사도 바울에게는 두기고 같은 진실한 동역자가 있었다. 그는 '사랑을 받은 형제요 주 안에서 진실한 일꾼'이며 바울의 모든 사정을 에베소 교인들에게 알리고 그들의 마음을 위로하기 위해 보냄을 받은 자

25) Byz it^{d} $vg^{cl\ ww}$ syr^{p} cop^{bo-pt} arm 등에 있음.

이었다. 오늘날에도 이런 충성된 일꾼들이 필요하다.

또 사도 바울은 다른 편지들과 달리 하나님과 주 예수 그리스도에게로부터 오는 은혜와 평안 외에 '믿음을 겸한 사랑'을 기원하였다. 우리는 하나님께서 주시는 참된 믿음과 사랑을 사모해야 한다. 또 그는 우리 주 예수 그리스도를 변함 없이 식지 않고 끝까지 사랑하는 모든 자들에게 하나님의 은혜가 있기를 기원하였다. 우리는 주 예수 그리스도를 변함 없이 식지 않고 끝까지 사랑해야 한다.

본문의 교훈을 정리해보자. 세상에서의 우리의 신앙생활과 봉사생활은 마귀와의 영적 전투이다. 우리는 영적 전투에서 넘어지지 말고 서야 한다. 이렇게 영적 싸움을 잘 싸워 이기려면 두 가지가 필요하다.

첫째로, 우리는 주 안에서와 그의 힘으로 강건해져야 한다. 우리의 심신이 연약하면 이 전투에서 이길 수 없다. 그러나 하나님께서는 전능하신 하나님이시며 우리가 그를 의지하면 우리는 힘을 얻을 것이다.

둘째로, 우리는 전신갑주를 입어야 한다. 첫째, 진리의 허리띠를 띠어야 한다. 우리는 항상 진실해야 하고 진리의 말씀으로 무장해야 한다. 둘째, 의의 흉배를 붙여야 한다. 우리는 예수 그리스도의 의만 의지하고 범사에 정직해야 한다. 셋째, 평안의 복음의 신을 신어야 한다. 우리는 하나님과 화목했고 심령의 평안을 소유하고 있으며 이 복음을 만나는 자마다 증거해야 한다. 넷째, 믿음의 방패를 들어야 한다. 우리는 우리의 의가 되신 구주 예수님만 믿고 의지해야 한다. 다섯째, 구원의 투구를 써야 한다. 우리는 구원의 확고한 지식을 가져야 한다. 여섯째, 성령의 검을 가져야 한다. 우리는 하나님의 말씀, 곧 성경말씀을 많이 읽고 듣고 마음에 새겨야 한다. 일곱째, 늘 성령 안에서 기도해야 한다. 우리는 자신을 위해 늘 기도할 뿐 아니라, 모든 성도를 위해 기도해야 하고 특히 목사를 위해 기도해야 한다. 우리는 주 안에서 하나님의 능력으로 강건해지고 하나님의 전신갑주를 입을 때 승리의 삶을 살 수 있다.

저자 소개

연세대학교 문과대학 철학과 졸업 (B.A.).
총신대학 신학연구원[신학대학원] 졸업 (M.Div. equiv.).
미국, Faith Theological Seminary 졸업 (Th.M. in N.T.).
미국, Bob Jones University 대학원 졸업 (Ph.D. in Theology).
계약신학대학원 교수 역임, 합정동교회 원로목사.
〔**역서**〕 J. 그레섬 메이천, 신약개론, 신앙이란 무엇인가? 등 다수.
〔**저서**〕 구약성경강해 1, 2, 신약성경강해, 조직신학, 기독교교리개요, 기독교 윤리, 현대교회문제, 자유주의 신학의 이단성, 교회연합운동 비평, 복음주의 비평, 현대교회문제자료집, 기독교신앙입문, 천주교회비평 등.

갈라디아서 에베소서 강해

2000년 2월 20일 갈라디아서 강해 1판
2000년 3월 5일 에베소서 강해 1판
2019년 12월 27일 2판
2025년 1월 24일 3판

저 자 김 효 성

발행처 옛신앙 출판사
Old-time Faith Press
www.oldfaith.net

서울특별시 마포구 독막로 26 (합정동)
합정동교회 내
02-334-8291, 팩스 02-337-4869
oldfaith@hjdc.net
등록번호: 제10-1225호

ISBN 978-89-98821-02-9 03230 정가: 4,000원

♣ **'옛신앙'**이란, 옛부터 하나님의 선지자들과 주 예수 그리스도의 사도들이 가졌던 신앙, 오직 정확 무오(正確無誤)한 하나님 말씀인 신구약 성경에만 근거한 신앙, 오늘날 배교(背敎)와 타협의 풍조에 물들지 않는 신앙을 의미합니다.

"여호와께서 이같이 말씀하시되 '너희는 길에 서서 보며 **옛적 길** 곧 **선한 길**이 어디인지 알아보고 그리로 행하라. 너희 심령이 평안을 얻으리라' 하나, 그들의 대답이 '우리는 그리로 행치 않겠노라' 하였으며"(렘 6:16).